企業ＤＸ部門の方々が知るべき、
〝デジタルトランスフォーメーション〟の真手法とは？

Digital Impact

～枠にとらわれずに圧倒的な成果を出す、唯一無二のＤＸ～

プレジデント社

はじめに　間違いだらけのＤＸ。なぜ、変わろうとしても変われないのか？

世界規模で急激なデジタル化が進む中、日本でもＤＸ（デジタルトランスフォーメーション）に取り組む企業が増えています。しかし、その多くが業務効率化やコスト削減に留まっているのは非常に残念なことです。

また、「サービスデザイン」「顧客視点経営」「データドリブン経営」「生成ＡＩ導入」といったキーワードが先行しているのも、日本のビジネス界の特徴といえるでしょう。いずれも素晴らしいアプローチではありますが、これらはあくまでＤＸの一部でしかありません。

ＤＸの本当の目的は、ビジネスモデルの変革や顧客接点の抜本的改革といった事業構造改革を図り、それにより競争力を強化して企業価値を向上させることにあります。

端的にいえば、デジタルを活用してビジネスをトランスフォーム（革新）すること。目的は、あくまで事業そのものの革新であり、ＤＸはそれを実現するための手段に過ぎないのです。

革新という目的を達成することが何よりも重要ですから、事業を新たなステージへ移行できるのであれば、施策のすべてでデジタルにこだわる必要さえないと私は思っています。

しかしながら、こうしたＤＸの本質が理解されず、ＤＸそのものが目的化している企業があまりに多く見受けられます。

ＤＸの定義や手法が正しい形で浸透していないため、結果として業務効率化やコスト削減といった限定的な成果しか挙げられない。そして、成長率やデータ活用で海外企業に大きく水をあけられている――それが日本企業を取り巻く現状といえるのではないでしょうか。

私は長年にわたり、大手企業を中心としたクライアント企業の、ＤＸ推進事業や、経営・ＩＴのコンサルティングサービスを数多く手掛けてきました。その過程で、間違ったＤＸに突き進み、自社の持つ可能性や強みを十分に発揮しきれないままコストと時間だけを浪費しているケースがあることを少なからず見聞きし、歯噛みする思いを抱えてきました。

ＤＸで失敗する企業には、ある共通点があります。それは経営層や現場の面々が「ＤＸのフレームワークと実現の効果を十分に理解していないこと」です。特に経営層の理解不足は致命的です。

失敗の具体的な理由を挙げれば、「ＤＸへの投資額が不足している」「人員が足りない」「技術力に欠ける」といったもろもろの要素が浮かび上がるかもしれません。しかし、そうした個々の失敗の原因をつくっている根底には、ＤＸそのものへの理解不足がある。これは実体験から断言できることです。

実際のところ、ＤＸ推進の手引としてさまざまなものが世間にあふれていますが、抽象度が高かったり特定の領域に限定されていたりして、残念ながら企業が使いこなすには難しいと感じます。例えば、経済産業省が発行する「デジタルガバナンス・コード」は、大変優れた内容ではありますが、あらゆる業種・業態で活用されることを意図した総合的な内容となっているため、「自社にどう当てはめればいいのか見当がつかない」という企業が少なくありません。

また、経済産業省の外郭団体である独立行政法人情報処理推進機構（IPA）は、「DX実践手引書 ITシステム構築編」を公開していますが、その名の通り、ITシステムの構築に限定された内容です。ITシステム構築に行く手前の、DX戦略や組織体制などを十分検討した企業にとっては非常に有用ですが、そうした企業ばかりではないでしょう。その意味で、こちらの手引書もやはり上手に使いこなせない企業が多いと感じています。

さらに、DX推進の方法論として、「できるところから始めよう」「スモールスタートで徐々に拡大していこう」といったことがよくいわれます。しかし、部分的な変更では、新たな価値の創造や競争力の強化は果たせないといっていいでしょう。

旧態依然とした事業のあり方から脱却して革新を成し遂げるには、事業にまつわる要素のすべて、すなわち「ビジョン／KGI・KPI」「DX戦略」「ガバナンス」「サービス」「オペレーション」「IT・デジタルアーキテクチャ」「組織・人材」「評価・報酬制度」「パートナー」「社風・文化」を抜本的に変えることが求められます。

事業革新とは、まったく新しいゴールに向けて、まったく新しいビジョンを描き出すこと。それに基づいて戦略やサービス、システムなど、事業の要素も新しいものが望まれます。ガソリン車がそもそものコンセプトや設計思想、素材、製造プロセスなどまで抜本的に変えない限り、いつまで経っても空飛ぶクルマに進化することはできないのと同じです。

DXに本気で取り組むのであれば「できるところから」ではなく、「一気通貫で」「全面的に」実行しなければ意味がないというのが、経験則に基づく私の考えです。

また、革新は一度行って終わりではありません。テクノロジーの進化は著しく、先進技術をキャッチアップしながら新たなプロダクトやサービスを生み出し続けるという、革新を絶えず追い求める風土へシフトすることが、現代の企業には求められています。

その意味でも、DXを通じて事業と組織を一体的に見直すことには極めて大きな意義があります。

荒れた森を生まれ変わらせるには、枝打ちをして光を採り入れる、新たな苗木を植える、土壌を改良するといった包括的なアプローチが欠かせません。これと同様に、ビジネスの基盤を丸ごと改めることでＤＸに推進力が生まれ、新規事業開発もスムーズに動き出します。

激しい荒波の中でも力強く前進できるような筋肉体質へ、まずは組織全体が生まれ変わること。そこにデジタルという武器が加わって初めてＤＸが実現します。この順番を決して間違えてはならないのです。

ＤＸに関する世間の誤解や理解不足を受け、真のＤＸを実践するための枠組みを広く提示し、理解していただくことが、日本のＤＸ推進に不可欠であると切実に思うようになりました。

本書をしたためた理由はここにあります。

本書では、ＤＸの基本の枠組みとして「ＤＸフレームワーク」を提唱しています。

技術面のみに焦点を当てるのではなく、先に挙げた事業のすべての要素——ビジョンや戦略の立案から組織体制の整備まで——を網羅的に検討し、ＤＸ計画に取り込むことが特徴です。また、策定した計画を着実に実施するためのプロセスやポイントも定義しています。

革新的な事業目標・戦略を実現する武器としてDXフレームワークを定義し、圧倒的な成功を収める企業の誕生に寄与すること――それが本書の使命です。

DXフレームワークの詳細な説明とともに、圧倒的な成果を得るためのDX推進手段として「DX機能子会社」についても、その是非を考えていきたいと思います。

以前はDXの推進主体として、DX機能子会社を設立する動きがいくつもみられました。

しかし、DXは経営の根幹にかかわるものという課題意識から、最近では本社内でDXを進めることがトレンドとなり、せっかくつくったDX機能子会社も親会社に吸収するケースが増えてきています。

とはいえ、本社内でDXを推進する場合、デジタル人材の不足から通常のルーチンワークへ格下げされるといったことがよくあります。これによって、仮にDXに着手できたとしても、社内をうまく巻き込めず失速する、あるいは頓挫するパターンが相次いでいる、そんな印象を受けています。

だからこそDX機能子会社には、大きな可能性があるのです。

DX人材を採用するにも、またDXを通じて創出した新たな価値を市場へ展開するにも威力を発揮します。

DX機能子会社が立ち行かなくなる原因は、子会社のあり方そのものでなく、DXフレームワークという基盤がつくられていないことに起因しているのです。

DXにまつわる世間一般のさまざまな誤解も解きながら、新しい価値を、それも圧倒的な価値を生み出す真のDXとはどういうものか、考えをめぐらせていきましょう。

不毛なDXに疲弊する企業を一つでも減らし、もう一度世界で戦える日本をつくるため、この本が役立つことを心から願っています。

Digital Impact株式会社 代表取締役　田中一生

Contents

目次

Chapter 2 インパクトある、正しい〝DX手法〟を知る

Contents

Contents

Chapter 1

〝圧倒的な成果〟を創出するDXとは？

やるならとことんやる！中途半端なDX計画は衰退へ……

DXを〝経営の礎〟とし、描いた戦略を〝やり切る〟

ＤＸに取り組もうとする企業は多いものの、「どこから手を付けていいかわからない」という声をよく聞きます。途方に暮れながらも、焦りや不安に背中を押されて、「できるところから始めよう」と恐る恐る着手する企業も多いことでしょう。しかし、目標も明確でないまま何となく始めても、当然ながら成果は挙げられませんし、迷走した挙句、空中分解するケースも少なくありません。

ＤＸ推進における最大のポイントは、「ＤＸの考え方や方針を理解し、組織に定着できているか」――これに尽きます。

具体的には「ビジョン／ＫＧＩ・ＫＰＩ」「ＤＸ戦略」「ガバナンス」「サービス」「オペレーション」「ＩＴ・デジタルアーキテクチャ」「組織・人材」「評価・報酬

図1　DXフレームワーク　戦略フェーズ

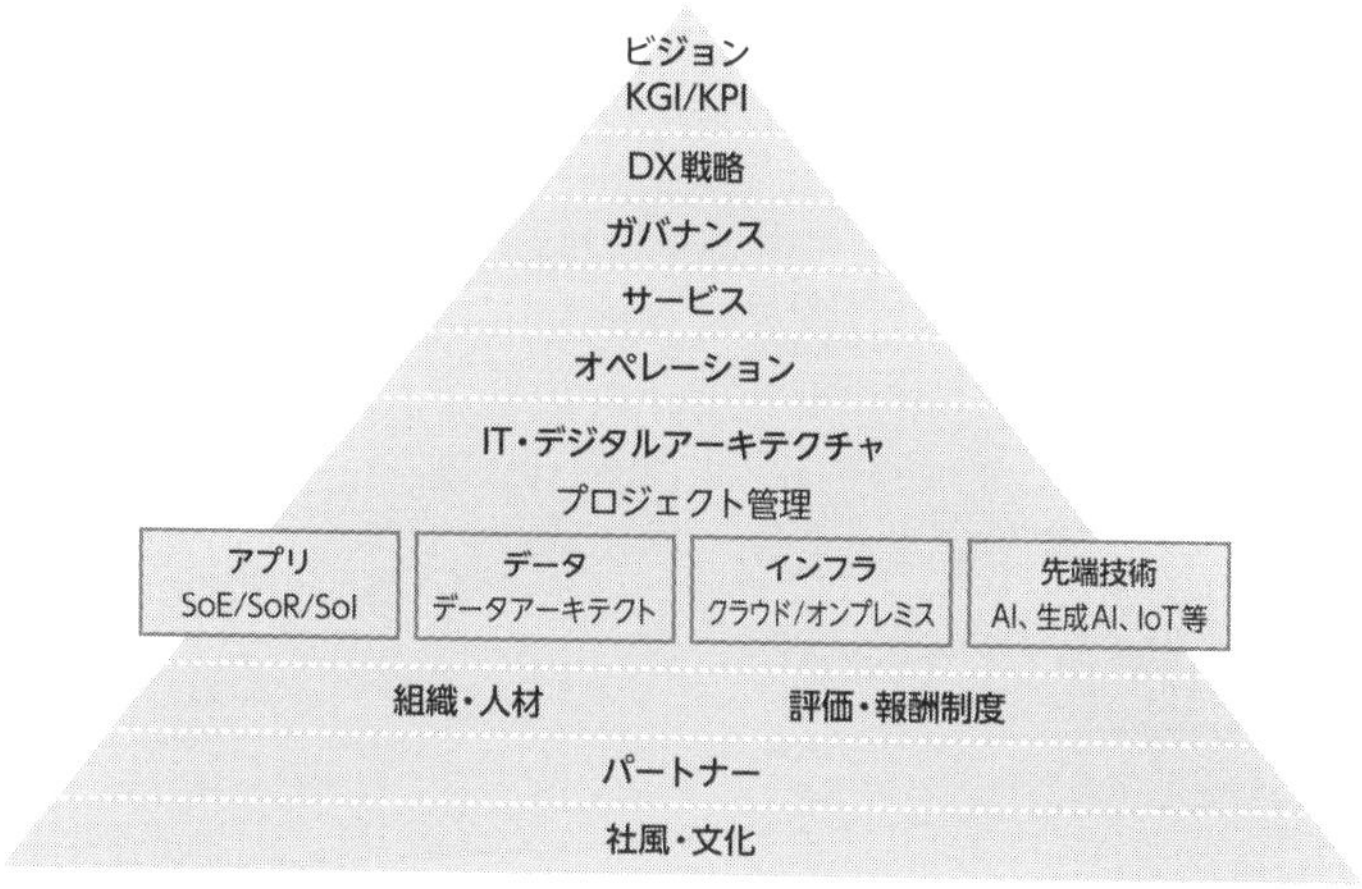

出典：Digital Impact

図2　DXフレームワーク　開発・実行フェーズ

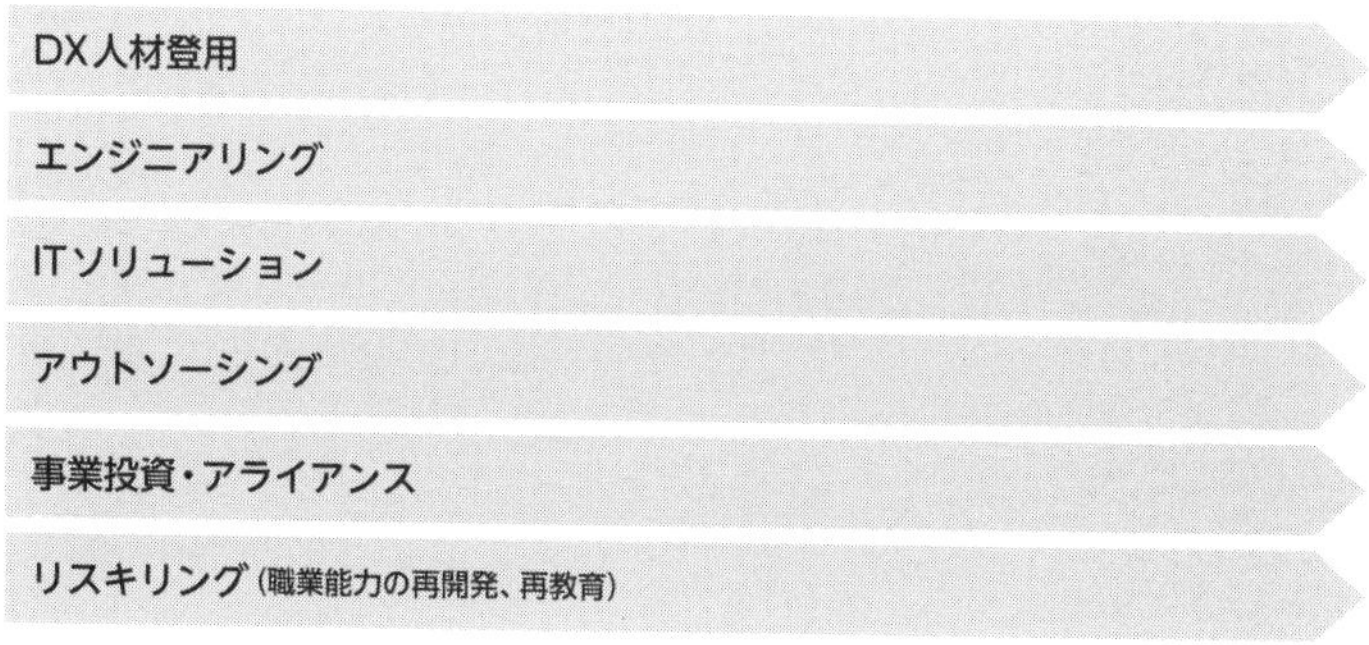

出典：Digital Impact

制度」「パートナー」「社風・文化」というすべての企業要素をDXにふさわしい形に改め、DX／ITを〝経営の礎〟とすること。そして、描いた事業戦略を実現するため、組織／人材強化・システム構築・IT製品導入・アウトソーシング・事業投資といった手法を駆使して〝やり切る〟こと。

組織が一体となって取り組まない限り、DXは社内やグループ内に定着できず、得られる効果もおのずと限定され、事業衰退のリスクも高まるでしょう。この考え方は、事業構造を抜本的に変革する場面のみならず、新規事業・データ分析・AI導入など、全社にかかわるあらゆる施策を推進する場面で取り入れるべきものといえます。

本書ではDXに包括的に取り組み、ビジネスを根底から刷新する基本方針を「DXフレームワーク」と定義します。

このフレームワークは「戦略フェーズ」（図1）と「開発・実行フェーズ」（図2）で構成されます。詳しい内容はChapter 2およびChapter 3で説明しますが、まずはこのようにDXを包括的にとらえる必然性を理解していただくため、DXの成功事例をみていきましょう。いずれも単なるデジタル化ではなく、事業構造改革としてDXを実践し、大きな成果を挙げている事例です。

振り切った事業構造改革で、大きな成果を挙げた3社を知る

LIXIL 技術導入からガバナンス強化まで上層部がリード

経済産業省、東京証券取引所、IPAは、上場企業の中でDX推進に優れた実績を持つ企業を「DX銘柄」として選定しています。

このDX銘柄の2024年度で「DXグランプリ企業」に選定された企業の一つが、株式会社LIXILです。

同社は「これまでの常識の枠を超えたメーカーへと変革」することをDXの目的に掲げ、顧客体験（CX）や従業員体験（EX）を高めていく「LIXILデジタルトランスフォーメーション・ロードマップ」を策定しました。

具体的な施策として、CX領域ではLIXILオンラインショールームが挙げられます。購入検討中のエンドユーザーに対して、施工店などビジネスパー

トナーとの連携を効率化するなど従来型の販売モデルから顧客体験を一変させたほか、ビジネスパートナーのコスト削減と販売サイクルの短縮も実行して成約率や成約スピードを高めることに成功しました。

ＥＸ領域ではプログラミングなしでアプリ開発ができるノーコードツールを導入し、全役員をはじめ現場への浸透を図っています。

また、生成ＡＩ導入による業務効率化の実現、デジタル部門でのアジャイルな働き方の推進、取締役 代表執行役社長兼ＣＥＯである瀬戸欣哉氏を筆頭にフラットな社内風土づくりに取り組むなど、まさにＤＸ／ＩＴを〝経営の礎〟としつつ、それを実行する基盤として組織体制や社内風土のアップデートを実践している点、トップダウンでガバナンスを強化している点は、ＤＸフレームワークに重なるところが大きいと感じます。

ＤＸは事業変革である以上、経営トップの関与が不可欠ですが、これを実践できている企業は少ないのが実情です。

中長期的な競争力を考えたとき、特に国内市場が成熟し縮小傾向もみられる中で勝ち残っていくには、やはりデジタル投資は不可欠と考えられます。そこに経営トップが率先して挑み、全社的にDXを着実に推進しているところがLIXILの取り組みの素晴らしさといえるでしょう。

アシックス 事業基盤そのものを革新し、顧客に新しい価値を提供

株式会社アシックスもLIXILと同じく、2024年度の「DXグランプリ企業」に選出されています。

同社では2020年に策定した「VISION2030」において、創業哲学である「健全な身体に健全な精神があれかし」を改めて中心に据え、誰もが一生涯、運動・スポーツにかかわり、心と身体が健康でい続けられる世界をつくるという長期ビジョンを打ち出しました。

これを実現するための「中期経営計画2026」では、デジタルを活用したブランド体験価値の向上を目指し、会員(顧客)プログラム「OneASICS(ワンアシックス)」の利用者数拡大(2023年の945万人から3年後に3000万人とすることが目標)、ランニングアプリ「アシックスランキーパー」やレース登録プ

ラットフォーム「レースロースター」などを通じて、ターゲットとのエンゲージメントを強化しています。

また、定期的に関係者全員でデータに関して議論するデータガバナンスボードを開設しているほか、グローバル全体の顧客データや売上、在庫データをリアルタイムで把握するシステムも構築。

さらに、生産まで含めたサプライチェーンの見える化、事業部門とデジタル部門のデータ連携、対話型生成AIを活用した業務効率化、国内外の拠点で700人以上のデジタル人材の配置、ビジネス部門へのBI（ビジネスインテリジェンス）チームの設置など、多面的にDXを推進しています。

創業哲学とDXビジョンが密接にリンクしているからこそ、DXをぶれずに全社一丸となって力強く実践できるのでしょう。また、OneASICSが掲げる会員数3000万人という目標はKPIに当たると考えられます。売上などのKGIだけでなく、それを支えるKPIも設定していることがDXの大きな推進力になっているわけです。

単にシステムを刷新しただけでなく、事業基盤そのものからドラスティックに革新し、顧客に新しい価値を提供しているということで、こちらもDXの好事例であると思います。

ドミノ・ピザ　どこからでもピザを注文できる基盤を開発

次は、米国ドミノ・ピザ社の事例です。

DX先進国の米国の中でも、画期的なサービスを打ち出したということでドミノ・ピザのDXは注目されています。

同社では2010年にCDO（最高デジタル責任者）を任命し、「AnyWare」というDX施策を立ち上げました。多くのユーザーにピザの注文頻度を高めてもらうことを目的に、さまざまな端末からピザを手軽に注文できるプラットフォームを開発したのです。

端末は、Google HomeやAmazon Alexaなどのスマートスピーカー、Slack、Facebook、X（旧ツイッター）、テキストメッセージ、スマートテレビ／ウォッチ、コネクテッドカーなど、非常に多岐にわたります。

また、ドミノ・ピザのピザ生地、ソース、トッピングの組み合わせは数百万種にのぼるといいますが、このプラットフォームではそうした複雑なカスタマイズも可能にしました。

さらに２０１６年には、スマートフォン上で起動して10秒待つだけで注文が完了する「Ｚｅｒｏ Ｃｌｉｃｋ」というイージーオーダーのアプリもリリース。ピザ注文のこの上ないスマート化を実現しています。

ＡｎｙＷａｒｅという施策を掲げた点は「ビジョン」、ＣＤＯの任命は「ガバナンス」にそれぞれ該当します。

そうした基盤の上に、ありとあらゆるところでピザが注文できるという世界観を戦略として打ち立て、技術開発にも投資して顧客サービスの高度化に成功しました。

取り組みの結果、同社の売上は飛躍的に伸びたといわれ、まさにＤＸによって圧倒的な成果を手にした企業といえます。

対症療法ではなく、ドラスティックな〝全面一気通貫型〟で！

企業のすべてにかかわる要素を押さえてDXを推進する

こうした事例をみると、やはりDXに求められるのは、特定の事業をデジタルに置き換えるという対症療法でなく、デジタル化を見据えて、事業構造そのものを転換する〝全面一気通貫型〟の姿勢であるとわかります。

〝全面〟とは、ビジョン／KGI・KPI、DX戦略、ガバナンス、サービス、オペレーション、IT・デジタルアーキテクチャ、組織・人材、評価・報酬制度、パートナー、社風・文化という、企業のすべてにかかわる要素を押さえてDXを推進すること。

これはDXフレームワークの「戦略フェーズ」に該当します。

DXのビジョンを描き、財務面や収益インパクトを勘案してKGIやKPI

を設定し、そこに事業戦略やデジタル戦略を紐づけて、部門ごとに目標や施策を落とし込んでいくわけです。

設定した目標を実現するため、社長をはじめとする役員クラスで構成されるDX推進会議体を設定したり、どれくらいの頻度で何を決めるかというガバナンスのルールを決めたりすることも重要です。

さらに、顧客サービスのオペレーションでデジタルをどれくらい組み込むか、どのようなデジタル技術を用いて、どのようなプラットフォームやアプリをつくるか、それを実行するための組織体制や人材をどう整備するか、外部のプロフェッショナル人材をどう活用するかなど、多角的に、なおかつ同時並行で検討していかなくてはなりません。

「戦略」と「開発・実行」は切り離せない

そして〝一気通貫〟とは、検討結果を受けて、プロフェッショナルなDX人材の登用、エンジニアリング、ITソリューション、アウトソーシング、事業投資・アライアンス、リスキリングといった手法で実行し、飛躍的な成果を持続させること。

これはDXフレームワークの「開発・実行フェーズ」に当たります。

「戦略」と「開発・実行」は切り離せるものではありません。

DXを進めたい、例えばユーザーのリピート購買率を高めるため顧客体験を高度化したいと考えたとしても、誰がどう実現して、どう運用すればいいのか、肝心のところが抜け落ちていては絵に描いた餅で終わります。

顧客体験を高度化するために事業をどう変えるか、そのために組織をどう変えるかを考える。

企業価値の向上はその先に実現します。

DXで真に成果を得ようと思ったら、事業とその基盤となる組織を全面的に一気通貫で変えていかなければなりません。

そして、この全面一気通貫の考え方を具体化したものがDXフレームワークなのです。

うまくいく会社とうまくいかない会社。その違いは、どこに？

DXの本質を外していることが迷走の根本原因

DXがうまくいかない会社では、しばしば次のような状態がみられます。

・課題やビジョンを明確に設定できていない
・DXに詳しい経営層やDX人材が不足している
・DX推進を社内のDX推進部門や外部に丸投げしている
・技術やシステムの利用・導入コストが高い、費用対効果が不透明
・DX推進自体が目的化している
・DXへの取り組みが一過性
・ツール導入によるROIは検討したが、組織・人員の巻き込みが不足している……など

要は、DXの考え方が十分理解されていないのです。言い換えれば、DXフ

レームワークを活用できていない。DXが組織横断的、包括的な取り組みにならないため、事業構造の抜本的な改革にまで行き着かないのです。

これは先ほどみた3社の事例とまさに対照的といえるでしょう。

DXがうまくいく会社は、事業をデジタル時代にアップデートすべく、組織構造そのものの見直しを図っているのです。

カギは包括的な戦略と全社的な体制づくりにあり！

DXには組織全体で挑まなければならない――。これを裏付ける興味深いデータがあります。経営コンサルティングファームのボストン コンサルティング グループ（BCG）は、世界11カ国で実施したDXに関する調査結果の日本版を発表（2020年10月）しています。

この中で、DXに成功した日本企業の8割以上が「ビジョンや優先順位付け、技術と人材、ロードマップ計画を含む包括的な戦略を構築している」と回答しているのです。

日本の調査を担当したBCGのロマン・ド・ロービエ氏は「企業がDXを成

功に導くためには、明確なビジョンと包括的な戦略、それを進めるにあたってのトップのコミットメント、そして実現に必要な組織能力とテクノロジープラットフォームの構築を、攻めの姿勢で大胆に進めていくことが必要」と述べています。

まさに、DXの成功のカギは、包括的な戦略とそれを実行する全社的な体制づくりにあると指摘しているわけです。

トップが本気でコミットしているか？

特に欠かせない要素の一つが「トップのコミットメント」です。DXがうまくいっている企業の多くは、経営トップが現状に危機感を抱き、「変わらなければいけない」という強い思いを持っています。

DXはいまや経営課題であり、また部門を横断して実践すべき課題であることを考えると、その旗振り役は代表取締役社長を中心とする経営陣をおいて他にいません。事業変革という大なたを振るうためには、トップをはじめとする経営上層部が陣頭指揮を取ってDXに挑む必要があるのです。

DXがうまくいかない会社は、この裏返しの状況に陥っています。つまり経営層の本気度が低い。そうなると、まず社内を巻き込む力が弱くなります。収益の柱となっている主流部門は既存業務に追われる忙しさもあり、現状維持を望みがちです。DX部門が事業改革を働きかけても対応しきれず、結局DXがかけ声倒れで終わるということは往々にしてあります。

しかしながら経営者は中長期で事業の成長を見据えなければなりません。目先の課題解決にのみ集中しがちな現場の目線を引き上げつつ、現状を打破する覚悟を持ってDXの旗振り役となり、主流部門や次世代のリーダーも巻き込んでいくことが望まれます。

経営層と一般社員の役割は明確か？

もう一つ、DXがうまくいかない会社の特徴として挙げられるのが、DX推進における経営層（役員）と一般社員の役割があいまいであること。これはトップのコミットメント不足にも起因するものでしょう。

ＤＸが事業構造改革である以上、その戦略策定をリードするのは経営層でなければなりません。

しかし、経営層にその認識が薄いとＤＸへの関与がおろそかとなり、ＤＸ推進を担当する社員が戦略を描くことになります。とはいえ、経営の方向性や予算配分など情報も裁量権もない社員がそれをできるはずもなく、結局ＤＸが形骸化したり頓挫したりしてしまうのです。

経済産業省はデジタルガバナンス・コードにおいて、ＤＸ実現のプロセスを、①意思決定、②全体構想／意識改革、③本格推進、④ＤＸ拡大・実現、という4段階で示しています。その中で、経営層と一般社員の役割を明確に定義しています（図3）。

意思決定と全体構想は経営層が担います。役割の再定義、ビジョンやビジネスモデル、戦略の策定、組織づくり、技術環境や成果指標、ガバナンスの整備といったことはトップダウンで決めなければなりません。いわばＤＸの土台固めを行うわけです。

それができたら、ＤＸ推進人材や担当者が、人材変革に向けた研修・採用、

図3　DX実現に向けたプロセス

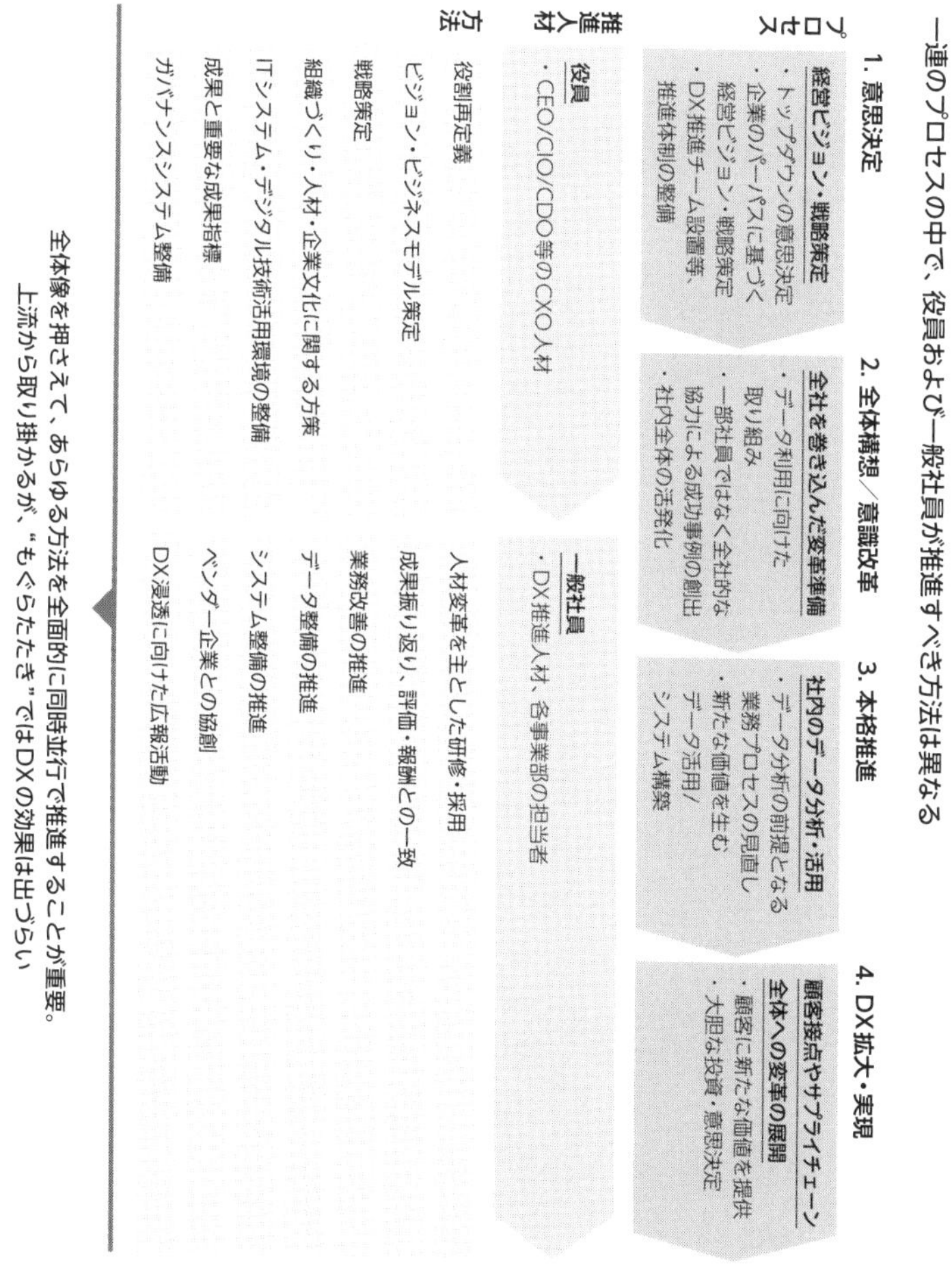

一連のプロセスの中で、役員および一般社員が推進すべき方法は異なる

	1. 意思決定	2. 全体構想／意識改革	3. 本格推進	4. DX拡大・実現
プロセス	**経営ビジョン・戦略策定** ・トップダウンの意思決定 ・企業のパーパスに基づく経営ビジョン・戦略策定 ・DX推進チーム設置等、推進体制の整備	**全社を巻き込んだ変革準備** ・データ利用に向けた取り組み ・一部社員ではなく全社的な協力による成功事例の創出 ・社内全体の活発化	**社内のデータ分析・活用** ・データ分析の前提となる業務プロセスの見直し ・新たな価値を生むデータ活用／システム構築	**顧客接点やサプライチェーン全体への変革の展開** ・顧客に新たな価値を提供 ・大胆な投資・意思決定

	役員	一般社員
推進人材	・CEO/CIO/CDO等のCXO人材	・DX推進人材、各事業部の担当者
方法	役割再定義 ビジョン・ビジネスモデル策定 戦略策定 組織づくり・人材・企業文化に関する方策 ITシステム・デジタル技術活用環境の整備 成果と重要な成果指標 ガバナンスシステム整備	人材変革を主とした研修・採用 成果振り返り、評価・報酬との一致 業務改善の推進 データ整備の推進 システム整備の推進 ベンダー企業との協創 DX浸透に向けた広報活動

全体像を押さえて、あらゆる方法を全面的に同時並行で推進することが重要。
上流から取り掛かるが、“もぐらたたき”ではDXの効果は出づらい

出典：経済産業省の公開情報を基にDigital Impactが作成

ＫＰＩを基にした成果の振り返り、業務改善、データやシステムの整備、外部との協創などの実作業に取り組むといった具合です。

このように経営層がＤＸの旗振り役を務めること、またポジションによって分担を明確にすることはＤＸ推進の要諦といえます。

これを具現するため、まずは何をおいてもＤＸフレームワークを全社的に隅々まで浸透させること、そのために経営陣が意識改革して旗振り役を務め、リーダークラスとも危機感を共有することが重要です。

繰り返しになりますが、ＤＸはあくまで事業戦略や事業目標を実現するための方法論に過ぎません。

デジタルを通じて事業そのものを革新し強化する骨太の方針をまずは打ち立て、さらにそれを実現するために事業環境やガバナンスを多面的に整備する。そうしてＤＸをやり遂げなければならないのです。

では、その具体的な枠組みであるＤＸフレームワークとはどのようなものか。Chapter 2で戦略フェーズのポイントを、Chapter 3で開発・実行フェーズのポイントを、それぞれ詳しくみていきましょう。

Chapter 2

インパクトある、正しい〝DX手法〟を知る

DX戦略の要諦は、すべての打ち手を〝同時進行〟すること

戦略フェーズでは、事業を構成する10の要素を検討

サービスやソリューション、システムだけを刷新するプロジェクトをDXと呼ぶ企業がありますが、それは特定領域に限定した考え方であって、真のDXではありません。

DXの本質は「事業構造改革」です。従ってDXに取り組む際には、全社が一丸となって挑む一大事業としての認識が欠かせません。事業とその基盤となる組織のあり方を網羅的に押さえないと、事業改革はもちろん企業価値の向上にもつながらないのです。

そこで重要となるのが、DXフレームワークの「戦略フェーズ」です。ここでDXの方向性を決めるわけですが、「5年後、10年後を見据えているか」「市

場や競合他社の動向を踏まえているか」「事業環境の変化に対応できるようガバナンスをどう機能させるか」といった大局的な視点が問われます。

一方、細部への配慮も欠かせません。システムを刷新するのであれば、それが事業戦略に合致しているかどうか、オペレーションや使いこなす人のことまで考えているかどうかまで考慮する必要があるでしょう。

システムの要件や機能面についても、関連するアプリケーションやデータ、インフラとどう連携させるかも課題となります。システム同士が密結合して特定の機能だけを切り離して改修することができない、さらにはブラックボックス化して手が出せないといったケースもよく見聞きするからです。

また、求める要件を満たすシステムを誰が開発するのかを考える上で、組織や人材、パートナーも検討しなければなりません。

DX要員の評価・報酬制度を適切に設計しなければ、人材を確保できないという事態に陥ります。

こうした体制の構築がずさんだと、次の開発・実行フェーズがうまく進まないばかりか、DXを実現できたとしても的外れな結果に終わります。

このように、DXのビジョンや戦略を考えるには、オペレーションや組織体制まで含めた全体を一気通貫で考えていかなければならないのです。

戦略フェーズで検討すべき要素は、事業・組織を構成するすべての要素、すなわち次の10点となります。

・ビジョン／KGI・KPI
・DX戦略
・ガバナンス
・サービス
・オペレーション
・IT・デジタルアーキテクチャ
・組織・人材
・評価・報酬制度
・パートナー
・社風・文化

次から、要素ごとにそれぞれを詳しく説明していきましょう。

図4　戦略フェーズの考え方

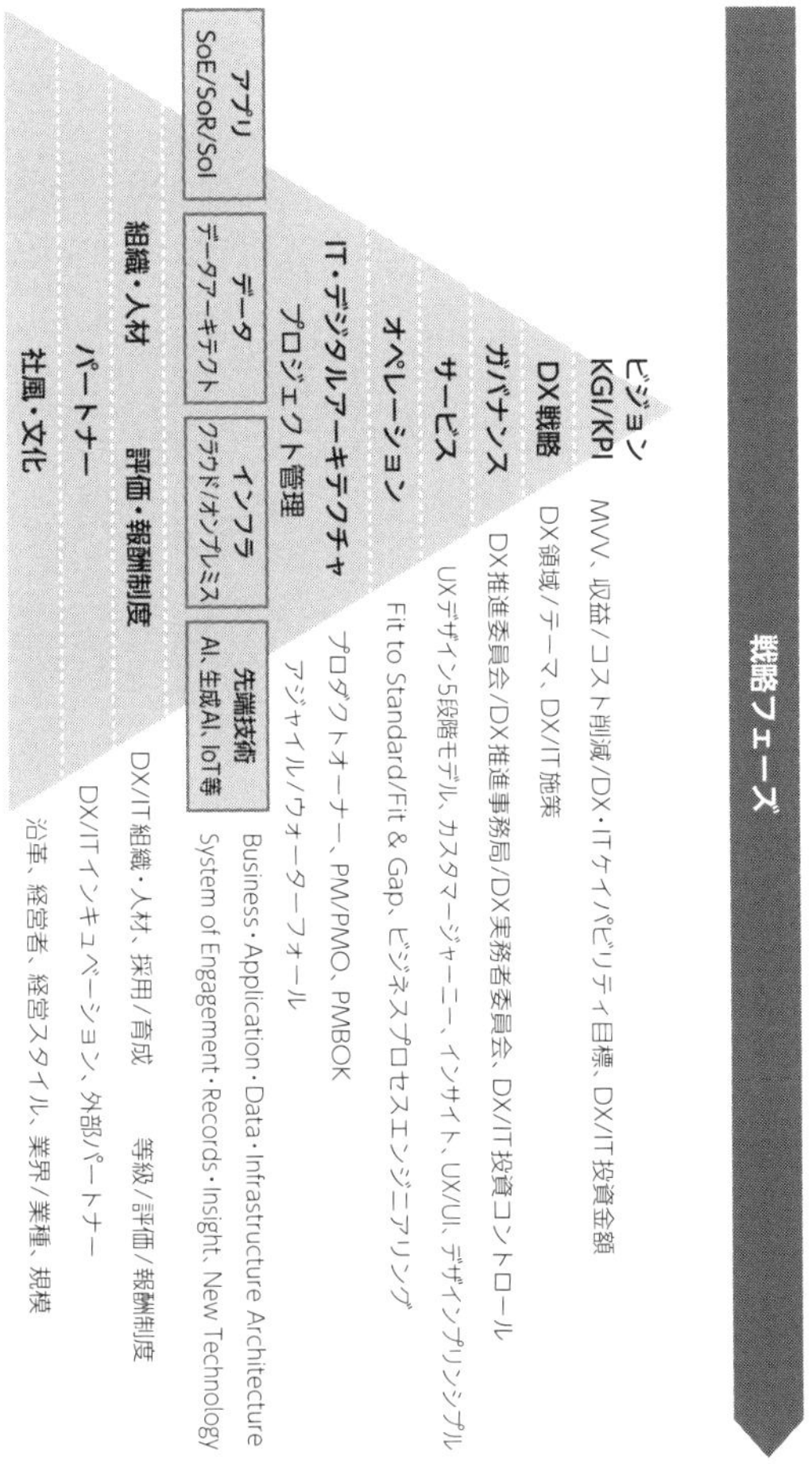

戦略フェーズ

ビジョン KGI/KPI	MVV、収益/コスト削減/DX・ITケイパビリティ目標、DX/IT投資金額
DX戦略	DX領域/テーマ、DX/IT施策
ガバナンス	DX推進委員会/DX推進事務局/DX実務者委員会、DX/IT投資コントロール
サービス	UXデザイン5段階モデル、カスタマージャーニー、インサイト、UX/UI、デザインプリンシプル
オペレーション	Fit to Standard/Fit & Gap、ビジネスプロセスエンジニアリング
IT・デジタルアーキテクチャ プロジェクト管理	プロダクトオーナー、PM/PMO、PMBOK アジャイル/ウォーターフォール
アプリ SoE/SoR/SoI ／ データ データアーキテクト ／ インフラ クラウド/オンプレミス ／ 先端技術 AI、生成AI、IoT等	Business・Application・Data・Infrastructure Architecture System of Engagement・Records・Insight、New Technology
組織・人材 ／ 評価・報酬制度	DX/IT組織・人材、採用/育成　等級/評価/報酬制度
パートナー	DX/ITインキュベーション、外部パートナー
社風・文化	沿革、経営者、経営スタイル、業界/業種、規模

出典：Digital Impact

最終目標は何か？
自社を飛躍させる圧倒的な「ビジョン」を

経営の拠りどころとなるMVV

戦略フェーズの第一歩は、「ビジョン」およびDX推進における目標達成の指標として「KGI（重要目標達成指標）」や「KPI（重要業績評価指標）」を設定することです。

まずはビジョンの策定ですが、ここでミッションとバリューもセットで検討しましょう。ミッション・ビジョン・バリュー（以下、MVV）は、社員の目線を一つの方向に合わせるための経営の拠りどころとなるものです。

ミッションは企業の「存在意義や使命」、ビジョンは中長期で何を目指すかという「目標、理想像、方向性」、バリューは社員の行動や判断が拠って立つべき「価値観や行動指針」を指します。

ミッションとバリューは両輪で企業の存在価値を体現し、ビジョンは時代の変化に合わせて柔軟に変えるという違いはあるものの、これら3つは企業の原点というべきものです。会社が何のためにビジネスを行っているか、どんな目的を果たすために存在しているかを内外に示すと同時に、MVVが組織に浸透することで社員のあいだに共通認識ができ、行動の一貫性も期待できます。

多くの企業の経営を支援する中で、また私自身が会社を経営する立場として実感するのは、MVVこそが経営の要であり、社長のリーダーシップの源泉でもあるということ。経営トップとして、事業の最終目標＝未来を指し示す力強いMVVを掲げてほしいと思います。

とはいえ、社長の独りよがりでもいけません。一気通貫のDXを実現するには社員や関係各社を巻き込まねばならず、それぞれに共感を持ってもらえるストーリーをつくる必要がありますが、MVVはDX戦略とともにその下地となるものです。

スタート地点であるMVVが会社の本質や現場の思いとずれていると、DXが頓挫する可能性が高まります。

全社一体でDXに取り組むためにも、経営陣、DX部門、一般社員はもちろん、顧客やサプライチェーンも含めた幅広いステークホルダーから応援されるMVVを打ち出すことが望まれます。MVVの具体例をいくつか紹介しましょう。

Googleは「世界の情報を整理して誰もが便利に利用できるようにすること」というミッションの下、「ワンクリックで世界の情報へのアクセスを提供すること」というビジョンを具現するため、従業員やステークホルダーに対して10のバリューを示しています。同社の世界的成功は、まさにこのMVVに沿っていることがおわかり

図5 各社のMVV

	Google	ソフトバンク	デジタルインパクト
ミッション	世界の情報を整理して誰もが便利に利用できるようにすること(※1)	情報革命で人々を幸せに(※4)	既存の枠組みを超えて、圧倒的な成果を創出
ビジョン	ワンクリックで世界の情報へのアクセスを提供すること(※2)	「世界に最も必要とされる会社」を目指して	クライアント企業が飛躍的な成果を実現できるよう強力に推進
バリュー	・ユーザーに焦点を絞れば、他のものはみな後からついてくる。 ・1つのことをとことん極めてうまくやるのが一番。 ・遅いより速いほうがいい。 ・ウェブ上の民主主義は機能する。 ・情報を探したくなるのはパソコンの前にいるときだけではない。 ・悪事を働かなくてもお金は稼げる。 ・世の中にはまだまだ情報があふれている。 ・情報のニーズはすべての国境を越える。 ・スーツを着なくても真剣に仕事はできる。 ・「すばらしい」では足りない。(※3)	・No.1 ・挑戦 ・逆算 ・スピード ・執念	・精魂を込める ・模範として行動する ・挑戦・革新を歓迎する ・オープンな環境を創造する

※1 https://www.google.com/intl/ja/search/howsearchworks/our-approach/
※2 https://biz.tunag.jp/article/21387#7-3
※3 https://about.google/philosophy/?hl=ja
※4 https://www.softbank.jp/corp/philosophy/

出典:オープン情報をベースにDigital Impactが作成

いただけると思います。

ソフトバンクは、「情報革命で人々を幸せに」というミッションを事業として展開しています。

バリューには「No.1」「挑戦」「スピード」などを掲げており、多角的かつ積極的に事業を拡大しているところからも、それが社員にしっかり浸透していることがうかがえます。

手前みそではありますが、我々Digital Impactでも「既存の枠組みを超えて、圧倒的な成果を創出」というミッションを掲げ、「クライアント企業の飛躍的な成果の実現」をビジョン（目標）として、4つのバリューを明示しています。

では、MVVをどのように策定すればよいのか。その方法の一つに挙げられるのが、シナリオプランニングから導出する手法です。

社会や市場のテーマ・課題を棚卸ししてそれぞれを評価・分類し、将来的なシナリオを策定。それに照合させる形で組織や事業の目指す方向性を検討し、MVVに落とし込むという具合です。

このほか、経営層へのインタビューをベースとした手法もありますし、自社の強みや課題を客観的に把握した上でＭＶＶを策定するという意味では、外部のコンサルティング会社などに支援を仰ぐのも一案でしょう。

それぞれの特徴やコストを勘案しながら、自社に合った方法を採用してください。

ＤＸ推進の評価軸としてＫＧＩ・ＫＰＩを設定

新たなＭＶＶの下で事業に着手したら、それが想定通りに進んでいるか、成果が得られているかを評価する必要があります。

その評価軸となる「ＫＧＩ（重要目標達成指標）」や「ＫＰＩ（重要業績評価指標）」も、戦略立案の段階であらかじめ設定しておきましょう。

具体的には、
①ＤＸ実現を通じた事業成長による収益の拡大額（目標収益額）
②ＤＸ実現を通じたコストの削減額

③DX・IT領域のケイパビリティ
などが挙げられます。

①の収益拡大額については、数億～数十億円という小さい目標ではなく、数百億～数千億円規模の圧倒的な目標を設定してほしいと思います。目標を大きく設定することで、DX推進の勢いが違ってくるからです。

②のコスト削減額もしかりで、中途半端な設定は控えましょう。財務面のビジョンはMVVでも特に注目される要素であり、これが貧弱だと従業員やステークホルダーを巻き込む力に欠け、DXの勢いが削がれてしまいます。

伸びる企業の目標は壮大で力強いもの。

そういう企業には人も集まるので、それだけ人材の層も厚くなり、DXがより進めやすくなるという好循環が期待できます。

KGIやKPIは経営ビジョンの一つであり、それゆえ企業の命運を握る一つの要素であるという心構えで目標を設定することをお勧めします。

③のケイパビリティについては、「DXガバナンス体制の整備（経営ボードの実

施回数など）」「顧客体験の向上（問い合わせ数、契約数、リピート顧客の増加など）」「AIなど先端技術の習得」「人材のスキルや知見の向上」「データの充実」など、DXの目的次第でさまざまなテーマが考えられます。

DX推進で得られるリターンともいえますが、指標として活用するため、定量的に測定できる項目を設定することが重要です。

DXの実施に過度な投資は不要ですが、こうしたリターンを獲得して確実な事業革新と競争力強化を実現するには、それに見合った投資をする必要があります。

IT投資の目安は一般的に、新たな開発など「攻めの投資」が3割、保守など「守りの投資」が7割とされますが、投資対効果が小さい施策を見送ったり、業務・システムを標準化したりといった工夫の余地があるのです。

詳しくはChapter 3で説明しますが、DX／IT投資金額をコントロールすることで攻めの投資の比率を高めること、すなわち圧倒的な成果の創出が見込める領域に投資を集中することも意識してKGIやKPIを設定しましょう。

「事業／デジタル戦略」の立案は、解像度の高い議論の下で

DX戦略は事業戦略の上に成り立つもの

戦略フェーズで考えるべき要素の2つ目が「DX戦略」です。

ここで注意したいのは、DX戦略を考える前に事業戦略を考えること。DXは事業変革を通じて、事業の目標や戦略を達成するための手段なので、当然ながら、まずは事業がどうあるべきかを考えることが先決です。

しかしながら、DXが目的化して事業戦略より先にDX戦略を検討するケースが非常に多いのは残念なことです。

DX戦略は事業戦略に沿って検討すること、またそれゆえ事業戦略の解像度が高ければ高いほどDX戦略の解像度が高くなることを肝に銘じてほしいと思います。

いまの時代、デジタルなくして事業は成立しません。よってビジネスとデジタル／データを一体的にとらえ、デジタル技術による社会および競争環境の変化が自社にもたらす影響（リスク・機会）を踏まえて、ビジネスモデルを設計する必要があります。

そしてそれを、誰にどんな価値をどのように提供するかという〝価値創造ストーリー〟として、顧客や従業員、株主、取引先などのステークホルダーに示す――これがDX戦略の骨格です。

競争力を生む「攻め」のDX、業務効率化を導く「守り」のDX

また、DX戦略を考えるにあたって、「攻め」と「守り」で施策の棲み分けを図ることもよくあります。

攻めのDXとは、市場や顧客、ステークホルダー向けに行う革新的なデジタル変革のこと。具体的には、新しいビジネスモデルの開発や顧客接点の改革、新しい技術や発想を反映した市場での差別化、既存の商品やサービスの高度化などが挙げられます。

市場の動向や顧客ニーズに応じて自社のビジネスを変えることで、競争力を強化し、新たな価値を創出するわけです。

攻めのDXは事業を抜本的に転換するため、コスト面の負担が発生する可能性もありますが、時代の変化に対応して競争力や収益力を高めるには不可欠といえるでしょう。

一方、守りのDXは、企業内部の仕組みを対象とするデジタル変革です。業務効率化や生産性向上、コスト削減、経営データの可視化、意思決定プロセ

図6 「攻め」と「守り」のDX

攻めの領域（新規事業）

- Software Defined Vehicle
- 次世代ショッピング
- 医療/介護DX
- Mobility as a Service
- Banking as a Service
- Payment as a Service
- DXコンサルティング
- スマートシティ
- スマートファクトリー
- SaaS
- M&A/事業提携
- データ経済圏

守りの領域（親会社・グループ会社向けDX）

- DXガバナンス/アジャイル経営
- DX体制構築
- DX人材育成
- ITコスト削減
- ITデューデリジェンス
- カスタマーエクスペリエンス
- 基幹系システム刷新
- 営業/バックオフィスDX
- 需要予測
- BPR
- SAP
- AI/生成AI

出典：Digital Impact

スの改善などが該当します。

例えば、J・フロント リテイリンググループではデジタルを活用した店舗の価値創造に取り組んでいます。

グループ企業である大丸松坂屋百貨店は、メタバースでの利用を想定したアバターの販売に着手しているほか、そこで培った人脈や知見を基に他社のメタバース空間への進出をサポートする事業も始めました。

同じくグループ企業のパルコではAR(拡張現実)技術を駆使した花火イベントを渋谷PARCOで実施し、話題を集めました。顧客体験価値や競争優位性を高めるという意味で、これらはまさに攻めのDXといえるでしょう。

守りのDX事例としては、既存のモノづくりに焦点を当てる住友電気工業の取り組みが挙げられます。

同社では、持続的な成長の源泉として「SEQCDD」(Safety：安全、Environment：環境、Quality：品質、Cost：価格、原価、Delivery：物流、納期、Research & Development：研究開発）の加速・深化を掲げています。

具体的には、モノづくりナビなど、共通の仕組みを構築する「モノづくりの強化」、データの統合、ＥＤＩ（電子データ交換）など「サプライチェーンの強化」、ペーパーレスや業務基盤の整備、ＩＴインフラの整備・拡充、組織体制の整備といった「働き方改革」などに注力し、歩留まり向上やいっそうの安全管理を進めています。

ＤＸとひと言でいってもこうした性格の違いがあるわけです。

通常、ＤＸ施策は複数を並行して進めることが一般的ですが、先に定めたＭＶＶに沿って何をデジタルで成し遂げたいのか、どの領域を攻めてどこを守るかなどの、バランスを考えながら戦略を練っていくことが重要です。

ROIと進捗状況を定期的に管理する「ガバナンス」を構築

経営トップがおよび腰ではDXは成就しない

戦略フェーズの3つ目の要素は「ガバナンス」です。

すでにお伝えした通り、DXは事業構造を変革する取り組みであるため、トップダウンで意思決定していくことが欠かせません。

特に強調したいのが、代表取締役などトップが強いリーダーシップの下、旗を振る必要があるということ。

事業部門長レベルの主導では、事業部間で予算や人員の引っ張り合いとなり、DXが全社的な取り組みになり得ません。

トップのコミットメントがあるからこそ経営陣が一致団結しますし、結果として社内でDXの機運が醸成されます。

また、迅速な意思決定、ステークホルダーへの情報発信といった面でも強いリーダーシップが望まれます。

経営層の関与の前提となるのが、トップの危機意識や経営層の理解であり、これがDXを成功に導く最初のポイントとなります。

ただ、これを実現できない企業が実に多いのです。特に規模の大きい企業ほど、その傾向が強まります。

理由としては、雇われ意識の強い経営者が多い、経験のある業務領域には強いがDXなど未知の領域にはおよび腰になってしまう、事業改革への本気度が足りない、時代が急激に変わっていることへの危機感が足りない――といったことが挙げられるでしょう。

しかし、トップがこうした姿勢では組織は変化に対応できず、競争力や企業価値を向上できないばかりか、事業継続さえ危ぶまれます。

経営層の方々には、DXが経営課題であることを、いま一度しっかりと認識していただき、自らがDXの旗振り役を務める気概を持っていただきたいと思います。

ＤＸ推進の実際の担い手（実行部隊）としてはＤＸ推進部などが考えられます。これは企業の文化・社風やパワーバランスなどを勘案して決めることになりますが、いずれにせよ社長直轄で推進することが大前提となります。

アジャイルの発想を取り入れた会議体を設置

経営層がＤＸに関与するために必要なのが、代表取締役主導の会議体（ボード）です。社長がトップを務めるＤＸ推進委員会を設置し、全社横断のＤＸ実現を促します。

同時に全部門にＤＸ推進の責任者を置き、その責任者を集めた実務者委員会も設置。

ここでは本部長や部長クラスが報告主体となって、モデルとなる事例の共有、各部門の課題の明確化、部門ＤＸ計画の策定、全社ＤＸ基盤に関する情報の共有などを行います。

また、ＤＸ推進にかかわる事務処理を担う事務局を、ＤＸ推進部が中心となって構成するケースもよくみられます。

こうした会議体をうまく機能させるには、アジャイル経営の考えを取り入れることが重要です。

デジタル時代は技術の進展や競合の変化が急激であるため、DXを進めるにあたっては柔軟かつ機敏な対応が求められます。

計画と実行を高速で繰り返し、市場の競合プレイヤーや顧客ニーズなどの外部環境に頻繁にアプローチできるアジャイル経営が不可欠なのです。

朝令暮改でもよいので、常に改善を図る

会議の開催周期は週次など頻回に設定しましょう。

代表取締役の主導ということで、進捗やROIなどケイパビリティ面の管理も部署ごとでなく、全社統一的に横串で評価していく必要があります。

経営判断のスピードを高めると同時に、現場や市場からのフィードバックを迅速に取り入れ、一つひとつの施策が、本当に経営的に意味があるかどうかを

きめ細かく検証し、必要とあらば一度下した決断でも修正する、あるいは潔く取り下げる姿勢が問われます。

朝令暮改でもよいので、常に改善を図ること。

それこそがアジャイル経営の目指すものであり、その土壌をつくるためにも経営トップが音頭を取る必要があるのです。

「毎週会議を行うのは難しい」「そんな頻繁に会議を行う必要があるのか」と疑問に思われる方もいるかもしれませんが、日本企業は経営層が横断的に集う会議体が少なすぎるというのが私の実感です。

経営会議が四半期ごとのイベントに、それも単なる報告の場となっている企業が多く見受けられます。

こうした悪しき習慣にメスを入れ、率直かつ真剣に議論を行う場を頻回に設けることで、経営層は現場に近づいていけるのです。

顧客が違和を感じて離脱しない「サービス体験」を提供する

ユーザーの離脱をいかに防ぐかはDXの肝

戦略フェーズの4つ目が「サービス」の設計です。

サービスを考えるとはすなわち、顧客体験そのものを考えること。顧客が違和感を抱いてサービスの利用をそれ以上やめてしまう（支払いや契約継続のプロセスから脱落する）ことのないよう、シンプルで一貫性のある体験の構築を目指しましょう。

最大のポイントは〝複雑さの排除〟です。当社では企業のウェブサイトやECサイトの改修コンサルティングも行っていますが、大手企業でもこの観点が抜け落ちているパターンが非常に多いです。例えば、ウェブサイトをぱっと見てどんな情報があるかがわからない。解説ページにジャンプしようとしても、その手前で案内画面が入る。ユーザー登録をするための手続きメールに膨大かつ複雑な内容が書かれており、登録の意欲を失くす——。こうしたさまざまな障壁や使いにくさがあることから、システムやアプリそのものの機能は素晴らしいのにユーザー登録がなされなかったり、契約に至らなかったりと、途中で離脱されるケースは枚挙にいとまがありません。

優れた顧客体験を提供することで「使っていて気分がいい」「困りごとを解決できた」「またこのサイトを利用したい」と思ってもらうこと。それこそが価値創造であり、競争力強化につながるのです。

サービス体験の設計はＤＸの肝ともいえる非常に重要なもの。まずはこの基本を押さえておきましょう。

サービスの勝者をベンチマークすることで効率化も

では、どのようにサービスを考えればいいのでしょうか。

まずはサービスの対象となるペルソナを決め、それに適した体験を検討していきます。

新規事業であればマーケティングなどを通じてゼロから設定しますが、既存事業を高度化する場合は、現状で提供している体験の課題を抽出し、それを解消する顧客インサイトを踏まえてサービスの方向性を考えます。

このとき、サービス体験そのものを見直すだけでなく、デジタルマーケティングやアプリ構築などデジタルを活用したサービスも、セットで検討することをお勧めします。

昨今ではユーザーの多くがスマホなどデジタル機器を起点に消費行動を行っています。企業とユーザーとの接点はデジタルへ移行しており、今後この流れはいっそう拡大すると考えられます。生成ＡＩなど最先端の技術を無理に導入する必要はありませんが、ＤＸ戦略の一環でサービスを設計する際にはデジタルを活用する視点が欠かせないと考えてよいでしょう。

また、ＵＸ／ＵＩの検討にあたって、ゼロから我流で考えようとする方がおられますが、サービスの勝者＝多くのユーザーを獲得している事業者はおおむね決まっています（Ｆａｃｅｂｏｏｋ、Ｉｎｓｔａｇｒａｍ、ＴｉｋＴｏｋなど）。そうした優れたサービスをベンチマークとして顧客体験の軸を考えることで、質の良いサービスを効率よく導き出すことができるので、この手法もぜひ選択肢の一つに含めてみてください。

体験の軸が固まったら、デザインプリンシプルを決め、それに則って一貫性のあるシンプルな体験を構築していきます。

サイト全体の色味、アイコンやボタンなどオブジェクトの位置や大きさ、形のほか、雰囲気やテイストに違和感がないか、設定したペルソナに訴求するものになっているかを確認します。

戦略・要件・構造・骨格・表層の5段階で具体化

サービスを具体化するまでのアプローチはいろいろありますが、ここではUXデザインの5段階モデルを取り上げます。

抽象的なステージから順に「戦略（Strategy）」「要件（Scope）」「構造（Structure）」「骨格（Skeleton）」「表層（Surface）」と進み、それぞれのステージで考えるべきことが体系化されています。

まず戦略ステージでは、システムの目的やコンセプトを明確にして、ペルソナとそのニーズを定義します。

誰に対してどんな価値を提供するのか、ペルソナがどんなことを考えているのかなどを調査・分析することも含まれます。

要件のステージでは、ユーザー要件から機能を洗い出し、組み合わせ方を定義していきます。ユーザーへのインタビューやアンケートを通じてニーズを把握するほか、ユーザーがたどる一連の体験をカスタマージャーニーとして策定し、練磨していきます。

次いで、システムの構造やユーザーの導線をデザインしていくのが構造のステージです。

ユーザー体験テストなども行いながらサービスの概要を定義するとともに、サービスリリースの段取りなどロードマップの整理も行います。

骨格ステージでは、ボタンやタブ、写真、テキストスペースの配置などレイアウトのデザインを検討します。デザインの方針を規定するトーン&マナー、ロゴ、ブランドカラーなどのデザイン要素、具体的な設計イメージであるワイヤーフレームなどを策定します。

まずは上流工程の戦略を固める

こうした下地の上に成り立つのが、最後の表層のステージです。ユーザーが実際に触れ、感じる部分をデザインするもので、画像やテキストなどコンテンツを実装したデザインカンプの作成、サーバー環境や運用側の管理を示すシステム画面、コーディング規約なども策定します。

UXデザインの立案というと、一足飛びに表層ステージのデザインカンプの検討に着手する方が多いのですが、まずは上流工程の戦略を固めるところから始めないとやり直しが発生したり、的外れなサービスになったりしかねません。

誰に、どんなサービスや機能を、どのように提供するかというサービスの基軸をまず定め、そのベースの上に顧客体験を設計していきましょう。

従来のやり方を是としない、抜本的な「オペレーション」を！

システムに合わせて業務プロセスを標準化する

戦略フェーズの5つ目は「オペレーション」、すなわち業務改革です。ここで声を大にして訴えたいのは、現行の業務にデジタル技術やデータ活用を合わせるのではなく、IT・デジタルのシステムが提供する機能に合わせてオペレーションを構築することが重要ということです。

世の中には、IT・デジタルシステムのベンダーが世界標準で提供しているシステムが数多くあります。Oracle、セールスフォース、SAPなどはその代表例といえるでしょう。そうしたシステムの標準機能（スタンダード）に業務プロセスを合わせる（フィット）ことを「Fit to Standard」といいます。製品のアドオン開発を前提とせず、パッケージシステムの機能を最大限利用するものです。

これとは反対に、導入したいシステムに業務のどこが当てはまり（フィット）、どこがずれているか（ギャップ）を明らかにして、業務にシステムを合わせることを「Fit&Gap」と呼びます。


近年では、前者のFit to Standardの採用が望ましいとされています。

その理由として、次が挙げられます。

①短期間かつ低コストでシステムを導入できる

スクラッチ開発やアドオン開発が必要なFit&Gapに比べ、Fit to Standardは開発にかかる期間もコストも低減できます。

②多くのユーザーに鍛えられた機能を活用できる

世界標準ともなっているシステムは、さまざまな企業の業務を想定した機能を数多く搭載しています。

また、多くのユーザーの声を反映し、改善も重ねられているため、利便性や安全性の面でもアドバンテージがあると考えられます。

③業務を標準化できる

システムに業務内容を合わせるため、業務の標準化が実現します。属人的な要素が減って誰でも同じ成果を出せるようになると同時に、人材の研修や育成の面でも効率化が期待できます。

グローバル化を進めやすくなる点もメリットといえるでしょう。

④常に最新の機能を享受できる

Fit to Standardのシステムはクラウド型が多く、バージョンアップやアップデートは基本的にベンダーが行うため、常に最新機能を利用することができます。

システムのブラックボックス化や保守費用の肥大化を防ぐ

Fit to Standardにはデメリットもあります。例えば、

・導入したシステムを社員が使いこなせない
・機能やコスト、運用性能、拡張性など自社に合う製品選びが難しい

などが考えられるでしょう。

とはいえ、こうしたデメリットを補って余りあるメリットがFit to Standardにはあります。

特にメリットの③で挙げた業務標準化はDXの大きな促進材料となります。既存業務は非効率だと現場の誰もが思っているけれども、長年の慣習やベテラン社員の意向を受け、なかなか脱却できないという声をよく聞きますが、Fit to Standardの手法を取り入れることで、こうした状況を打破することにつながります。

複雑な業務にシステムを合わせることで開発コストは跳ね上がりますし、複雑なシステムをつくることで中身がブラックボックス化し、結果としてメンテナンスに膨大な費用がかかることも珍しくありません。

業務がどうあるべきかをゼロから考えることはもちろん重要ではありますが、差別化の源泉となるわけではない非競争分野では、特にFit to Standardを採用することが賢明といえます。

「IT・デジタルアーキテクチャ」。企画フェーズから考えること

4つの技術要素とそれを束ねるプロジェクト管理

戦略フェーズの6つ目が「IT・デジタルアーキテクチャ(構造)」です。
ここから、システムやサービスをどのようにつくるかという、具体化に向けた検討へ入っていきます。

IT・デジタルアーキテクチャを構成するものとしては、「アプリケーションアーキテクチャ」「データアーキテクチャ」「インフラアーキテクチャ」「先端テクノロジー」が挙げられます。

これらを統合して新たな価値の創出に結びつける「プロジェクト管理」も、DX推進の成否を左右するカギといえます。

では、それぞれの内容をみていきましょう。

【プロジェクト管理】DX時代に注目されるプロダクトオーナー

情報化やIT化の時代には、プロジェクト管理という言葉は「システム開発プロジェクトの管理」を指すものとして使われました。

システム開発では要件定義から設計、つくり込み、リリースまで、長期間にわたって大勢のメンバーを束ねる必要があり、スケジュール管理やリスクの洗い出し、コスト管理など課題も多岐にわたります。そこで、開発プロジェクトの監督・推進役である「プロジェクトマネージャー（PM）」や、チームとしてPM機能を果たす「プロジェクトマネジメントオフィス（PMO）」が存在感を発揮してきたのです。

しかし、DX時代のいまは様相が異なりつつあります。PM／PMO（以下、まとめてPMと表記）より大きな視点で事業開発そのものをリードする司令塔として、製品（プロダクト）の方向性を決め、事業を成功に導く「プロダクトオーナー（PO）」の存在感が増しているのです。

それぞれの役割をもう少し細かくみていきましょう。

PMの大きな役割はプロジェクトマネジメント知識の世界標準「PMBOK(Project Management Body Of Knowledge)」に基づいてシステム開発を推進することです。

PMBOKは「立ち上げ」「計画」「実行」「監視・コントロール・プロセス」「終結」という5つのプロセス群と、管理対象としての「統合」「スケジュール」「リソース」「コミュニケーション」「スコープ」「品質」「リスク」「ステークホルダー」「コスト」「調達」という10の知識エリアから成り、こうした所定の手続きに則って正しくプロジェクトを遂行することがPMに求められます。

言い換えれば、PMはある事業の中のシステム開発の管理にのみ注力するということ。システム完成後、それをどのように販売し、ユーザーへ届けるか、あるいはユーザーの隠れたニーズをどう引き出して、次に開発するシステムに反映するかといったマーケティング機能までは担いません。

一方、POは、事業・サービス・システム・業務などを全般的に考慮しながら、事業やサービスを生み出し、事業そのものを成功に導くことが使命とされます。製品やサービスなどの新規事業開発に主眼を置き、これを主体的にリードするわけです。

PMが1つのシステムの開発プロジェクトを監督するのに対して、POは事業を生み出し、その収益化までを導く点が大きな違いといえるでしょう。

新規事業ではビジネスモデルを起点として、プロダクト／サービス、業務／システム、運営体制／パートナーシップ、セールス／マーケティング、規制／リスクといったテーマを同時並行で推進・管理していく必要があります。

つまり、ビジネス、サービス、システム、オペレーションなど、すべての枠組みを考慮して判断しなければならないということです。

図7　新規事業のフレームワークのイメージ

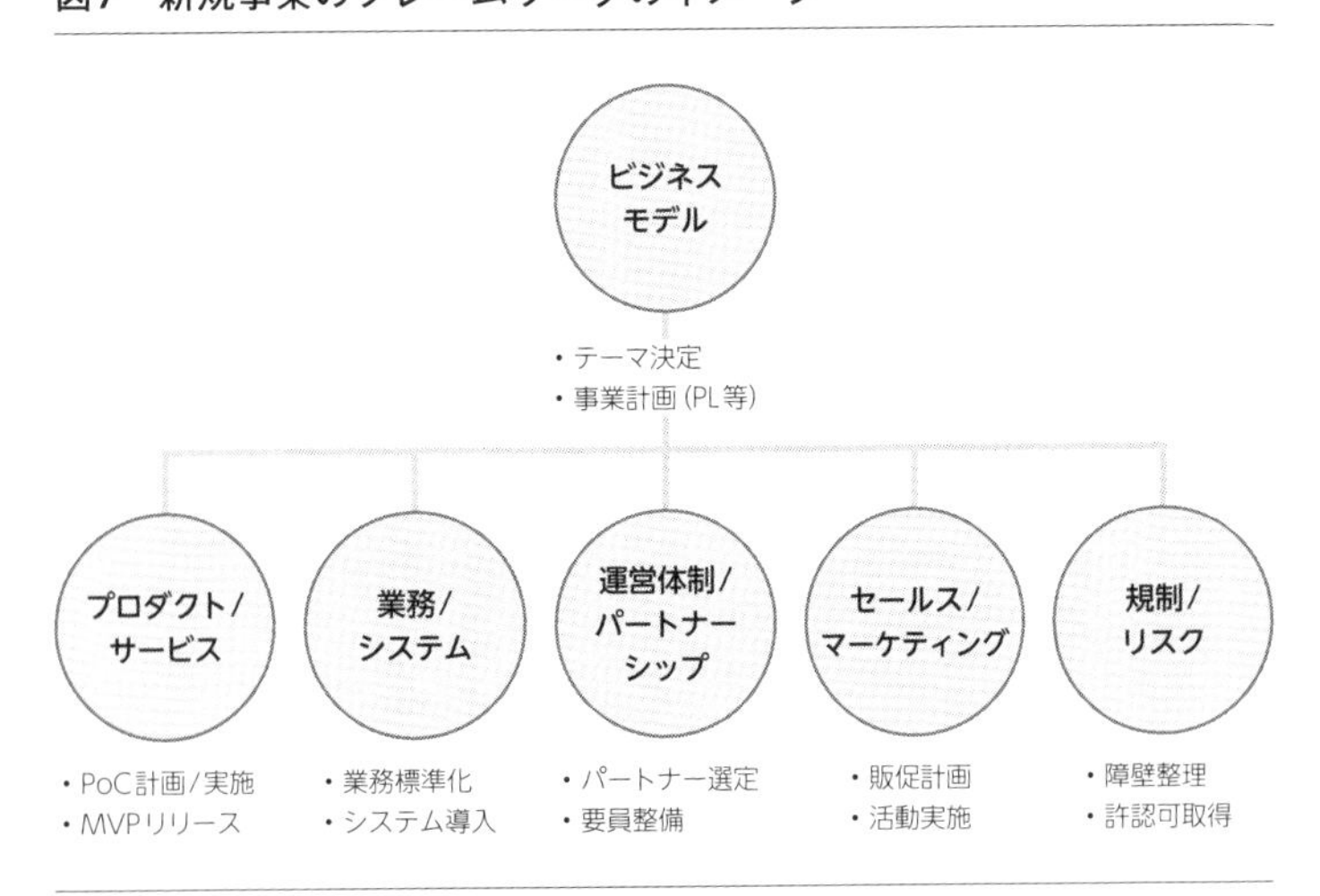

出典：Digital Impact

いかに素晴らしいサービスを思いついても、規制や法律面を考慮して実現できないことがありますし、新しいオペレーションを実現したくても、システムが密結合している、データが分散しているといったシステムアーキテクチャの問題に阻まれることも往々にしてあります。プロダクトの完成後も、どのような販売方法を採るか、自社で行うか外部のパートナーと組むかなど、検討すべきことは山積しています。

特にＤＸを推進する上では、前述したようなさまざまな要素が複雑に絡み合う中で、価値創出につながる画期的なプロダクトやシステムをつくり出していかなければなりません。また、大規模な開発では構想からリリースまで1年以上かかることが珍しくなく、長丁場の事業開発を率いる上でも強力なリーダーシップが欠かせません。

こうしたことから現代のプロジェクトリーダーは、ＰＭＢＯＫという決まった手順を正しく実践できるＰＭでは力不足となる可能性が考えられます。ＤＸの枠組みを理解し、事業開発の全方位に目を配り、そこで発生するさまざまな課題に対処できる、そんなスキルとマインドを備えたＰＯこそ、プロジェクトを牽引すべきではないでしょうか。

もう一つ、プロジェクト管理において欠くべからざる要件があります。それはアジャイル開発の実践です。

ウォーターフォール開発では「要件定義→設計→実装→テスト→リリース」という上流から下流への開発プロセスを、一歩ずつ固めながら進めていくわけですが、この手法では、

・**仕様変更の柔軟性に欠ける**
・**完成に時間がかかる**
・**コストがかさむ**……、といったデメリットが生じます。

Chapter 2のガバナンスの項で、アジャイル経営について触れましたが、開発でもアジャイル方式を採用し、

図8　ウォーターフォール開発とアジャイル開発の流れ

出典：Digital Impact

「要件定義→設計→実装→テスト→リリース」というPDCAサイクルを小刻みに回していくことが重要です。

特にDXではスピードや機動力が重視されます。ユーザーのニーズを細やかに反映する、完成した機能からリリースして市場の反応をみる、反応が思わしくなければ方向性を変えるなど、DX時代に向いている開発手法はアジャイルといえるでしょう。

プロジェクト管理では、こうした要素も踏まえる必要があるのです。

【アプリケーションアーキテクチャ】3分類で設計する

アプリケーションアーキテクチャとは、業務に必要なシステムやデータ処理に関連するアプリケーションを体系的にとらえて、その構造を検討すること。ビジネスのスムーズな運営には効率的なアプリケーションの設計と運用が欠かせず、組織内の多様なアプリケーション群の現状とあるべき姿を整理し、統合していく必要があります。

この戦略を練るのがアプリケーションアーキテクチャ領域です。

作業にあたって、アプリケーションの種類を大きく次の3つに分類すると全体像がつかみやすくなります。

①SoE（System of Engagement）

ウェブ、電子メール、SNS、コールセンターなど、ユーザーとのつながりや顧客との接点となるアプリケーション。

②SoR（System of Records）

決済、会計、受発注、製造、人事などの情報を管理し、記録の役割を果たすアプリケーション。基幹系システムのほか、電子メールやファイル共有などのシステムもこれに該当します。

③SoI（System of Insight）

マーケティングやビジネスインテリジェンス（BI）、データウェアハウス（DWH）など、蓄積された情報から顧客のニーズや行動を分析・洞察するアプリケーション。

競合比較や業界の潮流などを基に、あるべきアプリケーションアーキテクチャを設計し、それと現状の差分を把握した上で、その差分を解消しましょう。

組織内のアプリケーションは、組織の規模が大きく、また歴史が長いほど肥大化する傾向にあります。

それらが複雑に絡み合い、あるいは必要なアプリケーションが不足しているといったことが原因で、業務効率や生産性を押し下げているケースが多く見受けられます。

だからこそ、こうしたアプリケーションの棚卸しが必要となるのです。

【データアーキテクチャ】膨大な情報を統合する基盤をつくる

DXの命運を握るカギの一つがデータ活用です。全社的データマネジメントを推進するため、どこにどんなデータがあり、それをどう活用すれば洞察や知見といった有用な情報が導き出せるのか、戦略的な発想が問われます。そのためデータアーキテクチャの検討では、ニーズに沿ってデータ要件を定義し、事業戦略やDX戦略に合わせてデータの統合基盤を構築していく必要があります。

そもそもデータがつくられるのは、前述したSoE、SoR、SoIから成るアプリケーション群です。そこからデータレイクやＤＷＨへと蓄積され、場合によってはそこから必要なデータを抽出・加工してデータマートに格納し、経営ダッシュボードや分析ツールなどで分析するという流れになります。

膨大なデータを一元的に取りまとめて分析を行うには、各システム間の連携が必須です。さらに近年のコンプライアンスの高まりを受け、正確かつ安全なデータ利用のため、社員に対してデータに関する取り決めを定義・実施するなどデータマネジメントの徹底も欠かせません。

データが資産であるという意識を普及させると同時に、データガバナンスの強化も問われるということです。

これらを念頭に、データアーキテクチャ設計に取り組む必要があります。

ＰＭＢＯＫと同様に、データマネジメントの知識体系として「ＤＭＢＯＫ（Data Management Body Of Knowledge）」もあるので、そちらも参考にしてください。

【インフラアーキテクチャ】クラウドかオンプレミスか？

システムの稼働を支えるインフラストラクチャー（インフラ）の設計あるいは見直しを図ることも重要です。

近年のクラウド化の進行は目を見張るものがあります。システムをクラウド環境へ移行したり、最初からクラウドシステムを利用したりするなど、インフラに占めるクラウドの割合が拡大しているのは、みなさんもご存じの通りです。クラウド環境でサービスを提供するプレイヤーの筆頭が、Amazon（AWS）やGoogle、マイクロソフトなど外資系ベンダーです。世界規模の実績を持つ各社のサービスは、非機能要件として圧倒的な性能を誇るため、インフラ構築の際に選択肢の一つに加えることは妥当な判断といえます。非機能要件とは「可用性」「性能・拡張性」「運用・保守性」「移行性」「セキュリティ」「環境・エコロジー」の6要素を指します。

他方、インフラを自社で保有・運用するオンプレミス環境を構築する場合は、サーバーなどに強みを持つ国内のベンダーやSIerを選ぶことになります。

いずれの環境を選ぶにしても、非機能要件を十分に考慮しなければなりません。特に、可用性、性能、セキュリティは重要項目となるため、どこまでのレベルを要求するかは価格とのトレードオフとなるでしょう。過度な要件は避けつつ、十分な機能を満たす製品を見極めることが肝心です。

【先端テクノロジー】ＡＩは有能だが導入を先走ると……

先端テクノロジーとは、ＡＩ、生成ＡＩ、ＯＣＲ（光学的文字認識）、量子コンピューティング、エッジコンピューティング、ＡＲ（拡張現実）・ＶＲ（仮想現実）、ブロックチェーン、ＩｏＴ、６Ｇ、メタバースなどを指します。こうした先端技術の実用化が進み、ビジネスでも実装されつつあります。

なかでも注目株は、ＡＩでしょう。ＡＩ単体でも有用ですが、他の要素や技術と組み合わせたときにビジネス価値を飛躍的に向上させる可能性を秘めています。

例えばマーケティング領域では、１ｔｏ１マーケティングの実現が期待されます。一人ひとりにパーソナライズされたコンテンツを生成するには膨大なマンパワーが必要となり、これまでは実現が困難とされてきました。しかし生成AIなら自動的に処理できるので、期間・コストともに実現のハードルが格段に下がります。

また、予測AIと組み合わせることで、一人ひとりのユーザーや顧客のニーズに応じてサービスや商品を提供するという、真のパーソナライゼーションが完成することも見込まれます。予測AIに基づき生成AIがコンテンツを提供し、さらにその結果を予測するという、マーケティングのPDCAサイクルをすべて自動化できる可能性さえあるでしょう。

AIはハードウェアの機能も高めます。OCR機器に優秀なAIが搭載されることで、識字率が従来より大きく改善されるだけでなく、表などさまざまな形式のデータも理解できるようになるといわれています。

VR（仮想現実）やAR（拡張現実）の領域では、生成AIがコンテンツを自動で作成することで、従来では追いつかなかった仮想環境がデジタルツインとして立ち上がり、全世界をカバーしてしまうかもしれない――。そんなストーリーさえ、いまや夢物語ではないのです。

こうした破壊的イノベーションのみならず、情報インテリジェンスＡＩが自動で必要なデータを集約して、事業の見通しをアドバイスするなど、日々の業務にもＡＩは役立つと期待されています。


とはいえ、こうしたＡＩの素晴らしさが喧伝されるほど、ビジョンや活用の方向性を検討しないまま、とにかく導入しようと先走ってしまう企業が多いのも事実です。後先を考えずにＡＩを導入すると、自社が求める機能が得られない、社員が使いこなせないなど、残念な結果を招きます。

ＡＩをはじめとする先端技術を活用するにあたって有効なのが、まさにＤＸフレームワークの考え方です。未知のものを取り入れるときこそ、事業や組織を抜本的に変革して、その新たな価値に見合う体制をつくる必要があります。

ＭＶＶを基に戦略を練り、サービス体験やオペレーションを設計し、組織体制や社風・文化も踏まえ、どのような社内変革が必要かを考えながら先端技術の適用を検討していきましょう。

「組織・人材」の定義を確立した上で、内製化を進めていく

既存のＩＴ部門と一線を画したＤＸ専従組織を

戦略フェーズの７つ目の要素が「組織・人材」。ＤＸの方針を実行する体制や主体について検討します。

まず組織についてですが、元からあるＩＴ部門や情報システム部門がＤＸを担うべきと考える方が多いのですが、この認識は誤っています。ＩＴ部門の業務機能は、現行システムの保守運用、ＩＴシステムの企画構想・要件定義・開発、運用・保守を委託しているベンダーとの調整などがメインです。

ＤＸは何度もお伝えしているように、新たな価値創出や競争力強化を目的とした事業構造改革です。

ＩＴ部門が担っている職務とは本質的にまったく異なり、必要とされるスキ

ルや文化も異なります。

加えて、ＤＸは経営トップの旗振りの下で推進することが大前提でもあります。こうした事実を踏まえると、ＤＸは専従のＤＸ組織が担当し、既存のＩＴ業務はＩＴ部門が担うという棲み分けを図るべきでしょう。

ＤＸ組織はＤＸフレームワークに則って、ＤＸ戦略の策定と実行、先端技術の活用、人材の育成など、ＤＸに集中することが望まれます。

自社のＤＸに必要な人材像を定義し、確保する

ＤＸを推進する人材像についても検討する必要があります。

ＤＸ推進にあたっては一般に、ＰＯやＰＭ／ＰＭＯ、ビジネスアーキテクト、デザイナー、ソフトウェアエンジニア、データサイエンティスト、セキュリティのスペシャリストなど数多くのデジタル人材が必要とされます。すべてをＤＸ部門に揃える必要はありませんが、策定したビジョンやＤＸ戦略を実現するため、十分な人材を確保せねばならないことはいうまでもありません。

この中で、自社でまず抱えるべきはＰＯでしょう。事業開発の構想から収益

化までを統括する司令塔であり、DX推進のキーパーソンといえるポジションです。ここに外部の人材を据えることは事業のコントロールや知見の獲得、社内人材の育成といった観点からみて得策ではありません。

とはいえ、DX人材はあらゆる企業、あらゆる領域で不足しています。DXの初期段階では外部からプロの人材を招き、そのサポートを通じて社内人材の成長を図るなどして、徐々にデジタル人材を内製化していく方法もあります。もちろんDX推進経験者を中心に、採用を強化することも重要です。

また、DX人材の獲得を視野に、グループ内や傘下にDX機能子会社を設立することも考えられます。しかし、単にブランディングの一環として子会社を設立すると往々にしてうまくいきません。というのは、DXフレームワーク、すなわちDXに必要なビジョンや戦略、オペレーション、システムといった要素が十分に検討されていないからです。

DX機能子会社についてはChapter 4で詳しく検討していきますが、DXを進めるにあたっては、何をおいてもDXフレームワークの理解と浸透が重要であることを改めて強調しておきたいと思います。

デジタル人材を稼働させる、「評価・報酬制度」を整える

DX人材の意欲を引き出し、採用にもつなげる

組織体制を整え、人材を集めたとしても、メンバーの意欲を引き出せなければDXは空回りします。

そこで重要なのが8つ目の要素「評価・報酬制度」です。DX人材の働きを正当に評価し、成果に見合った対価を提供することで、人材のモチベーションが高まり、貴重なDX人材を維持することにつながります。また、DX人材がしっかり評価される土壌があることで、外部からDX人材を呼び込むことも可能になります。

企業によって考え方は異なりますが、一般論でいいますと、評価・報酬制度は職能資格（仕事内容と能力）や職務等級（職務や役割）で構成される等級制度に基づいて決まることが多いようです。評価制度の基準としては職能資格、職務等

級、成果主義、年功序列といった観点があり、中長期的に人材を育成することを主な目的としています。

また、報酬制度は成果に即応して報いるもので、基本給、能力給、職務給のほか、賞与／ボーナス、インセンティブ（報奨金や業績給）などが挙げられます。短期的に人材のモチベーションを高めるのは報酬制度といえるでしょう。

DXを推進する上で、適切な評価・報酬制度の構築は非常に重要です。戦略フェーズでは検討や戦略立案、開発・実行フェーズでは営業・マーケティング活動が伴うため、DX人材にインセンティブがないと事業として大きくグロースしていかないという懸念もあります。

ここで配慮を欠いたことで推進メンバーが不満を抱え、DXが頓挫した――そんなケースは実は数えきれないほどあるのです。

個人の能力や成果にきめ細かく応える

事業戦略や施策は、時代の流れに合わせて大きく変化しているにもかかわらず、評価・報酬制度が長年変化していない会社は多く見受けられます。

例えばある証券会社では、評価・報酬制度を営業職のモチベーションを高める形へ変更したことで、株の取引手数料ビジネスから預かり資産ビジネスへと事業構造改革を成し遂げることができました。

事業の担い手が人である以上、人に報いる意識がない会社は伸びないばかりか、事業改革という重大ミッションを成し遂げることは困難を極めます。

この証券会社の例はそれを物語っているといえるでしょう。

特にDXは世界的な取り組みであり、人材市場がグローバル化していることを忘れてはなりません。

成果主義やジョブ型雇用が広がってきたとはいえ、多くの企業では依然として年功序列制度を引きずる職務給を採用しています。

片や、DX人材は高度な専門職で、しかも人材が不足しているため大変な売り手市場です。

専門性が高ければ、好待遇で迎えられる状況にあって、旧態依然とした評価・

報酬制度から抜け出せないままでいると、優秀なＤＸ人材が集まらないばかりか、既存のＤＸ人材の流出も招きます。

個人の能力や成果にきめ細かく応える評価・報酬制度の構築も含め、抜本的に組織のあり方を見直す勇気と気概を、ぜひ経営トップの方々に持っていただきたいと思います。

評価・報酬制度を設計・運用する人事部門が経営層と距離が遠い、コミュニケーションがままならないといった話もよく聞きますが、ＤＸは人がいてこそ成り立つもの。

経営トップと人事は密接につながらなければなりません。

人事部門からも経営層に対して強く働きかけることが望まれますし、経営層も定期的に人事制度をウォッチすべきでしょう。

ＤＸという一大事業を支える人材の働きにどう報いるか。

評価・報酬制度をどう設計するかに、経営者の度量が試されるといっても過言ではありません。

餅は餅屋で！外部のプロに任せる「パートナーシップ」を

パートナー選びで重視すべきは「規模」より「人材の質」

かつてＩＴ化が叫ばれた時代、「餅は餅屋で」の発想で、多くの企業がＩＴ化を大手ベンダーに全面的に委託するケースが多くみられました。

ＤＸでも同じで、すべて自社で行うことが難しい場合、コンサルティング会社やＳＩｅｒ、ベンダーなど、外部のプロとパートナーシップを組むことは一案といえます。ただ、ＤＸ時代のいまはビジネス環境の変化が著しく、また技術革新のスピードも速いことから、パートナーシップ企業に求められる要素がかつてと変化しているのも事実です。

事業規模や社歴より、知見やノウハウ、技術力が重視されるようになり、結果として、ベンチャー企業との協業が盛んになっているのは、その一例といえるでしょう。

私自身、大手コンサルティングファームから独立してコンサルティングファームを経営する立場となりましたが、大手コンサル時代の経験・知見と新興コンサルティングファームならではの小回りの良さを高いレベルで融合し、価値として提供することがお客様から求められていると実感しています。

ベンチャー企業でも外部に信頼できるパートナーを多く抱えることで、ヒトやモノなどのリソースが不足することもなく、大手ベンダーに劣らない強みがあると自負している次第です。

また、フリーランスの市場にも、コンサルティング会社やＳＩｅｒでノウハウを学んだ優れた人材がたくさんいます。

外部パートナーに規模を求める場合は別として、パートナー選びでは「規模」より「人材の質」を重視することをお勧めします。

一方、外部に依存することで社内メンバーが技術に疎くなる、キャッチアップが遅れるといった事態は避けなければなりません。外部のプロと協働するにしても、テクノロジーの動向を探ったり技術がもたらす価値を見極めたりするインキュベーション機能を自社で抱え、技術革新の波に乗り遅れないよう地固めをすることが重要です。

コンサルは実績や優位性のあるスキルをチェック

では、実際に外部のプロとパートナーシップを結ぼうと考えたとき、どのような選定基準があるのでしょうか。

コンサルティング企業およびコンサルタント（以下、コンサル）の選定を例に考えてみます。

コンサルの主な活動領域は企画検討や伴走支援です。DXや事業構造改革に関するスキルやノウハウ、支援にかける熱量やマインド、過去に携わったプロジェクトの実績や役割などをしっかり確認しましょう。

具体的なチェック項目としては次が挙げられます。

- **これまでの業務経歴、実績**
- **得意領域や専門分野、優位性のあるスキル**

・支援可能な業務領域
・経営課題に対して指摘や提案がある場合、それが適切な内容かどうか
・仕事を依頼する場合の対価
・アフターフォローの有無

コンサルは、経験がものをいう仕事。

「どの会社か」ではなく、「どの人に依頼するか」という視点で、コンサルタントの人となりを見極めましょう。

ITツールは非機能要件を考えて

もう一つ、DX推進におけるパートナーシップで忘れてならないのがITソリューションの選定です。

ここで注意すべきは、システム機能やコストだけで選定してはいけないということ。

例えば、営業管理や契約書管理などのシステムを刷新するとします。

このとき、日本のベンダーが国内だけで展開している比較的安価なソリュー

ションと、海外のベンダーがグローバルに展開する割高なソリューションがあり、機能は両者ともほぼ同じだとしたら、あなたはどちらを選ぶでしょうか。

多くの方が前者を選ぶのではないかと思います。

理由としては、「安いから」「国産の方が何となく安心できるから」。しかし、これは正解といい切れません。

長い目でみると、「そのベンダーが5年なり10年なりの長期スパンで、そのソリューションをサポートしてくれるのか」「システムとしての可用性や処理速度は問題ないか」といった非機能要件が、運用のしやすさやランニングコストを大きく左右するからです。

長期にわたって安定して使い続けることができるかという視点なしに製品を選ぶと、後々トラブル対応に追われることになりかねません。

機能やコストはもちろん重要な要件ではありますが、それだけで選定してしまうと罠にはまります。

この点はよくよく理解していただきたいと思います。

自社ならではの「社風・文化」なくして、DXは推進しきれない

コミュニケーションと意思決定を円滑化するために

DXフレームワークの戦略フェーズの10点目の要素が「社風・文化」です。業界・業種、売上、社員数、沿革、経営者の経歴、経営スタイル、組織体制、評価・報酬制度など、さまざまな要因が複合的に影響し合って企業独自の社風や価値観が形成されていきます。企業のユニークさは厳然として存在しており、そこに集うメンバーと共鳴・共振することで、他の企業にない持ち味として真価を発揮します。実はDX推進において、このユニークさ、企業独自の社風・文化は無視できない、極めて大きなファクターなのです。

その理由は大きく2つ。一つは、DXのビジョンやMVVと企業の社風や価値観が響き合うものでなければ、DXが社員にとって自分事にならず、結果として空中分解してしまう可能性があるからです。社風・文化と乖離したDX戦

略は絵空事になりかねないと心得てください。

もう一つの理由は、社風を踏まえることがコミュニケーションや意思決定を円滑化するからです。トップの鶴の一声で物事が決まる会社もあれば、現場が動かなければ話が進まないという会社もあります。会社はそれぞれのステークホルダーの意思決定のもとで動く、まさに生きものであると私は思っています。企業独自の社風や価値観を踏まえない限り、経営層と現場のコミュニケーションは機能不全に陥り、プロジェクトも円滑には進まないでしょう。

特にＤＸを進める上では、一筋縄ではいかない意思決定が求められる場面も出てくるはずです。ＤＸにかける経営層の思いや期待値を明らかにして、それをステークホルダー間で密に共有し、社風や文化を意識したコミュニケーションを図ることが、ＤＸを成功に導く秘訣でもあるのです。

ここまで、ＤＸフレームワークの戦略フェーズについて解説してきました。どれだけ素晴らしい絵が描けたとしても、実行できなければ意味がありません。では、実行フェーズではどのような課題があり、乗り越えるには何がポイントとなるのか。次のChapterで詳しくみていきます。

Chapter 3

実行の壁を乗り越え、DXを〝やり抜く〟

DX推進を拒む社内のジレンマ。これを払拭していくためには？

「開発・実行フェーズ」では複数の施策を進める

DXのビジョンや戦略を絵に描いた餅に終わらせず、具現化していくためには、実行力が必要です。それをまとめたものがDXフレームワークの「開発・実行フェーズ」で、具体的には次の施策が考えられます。

・プロフェッショナルなDX人材の登用
・エンジニアリング
・ITソリューション
・アウトソーシング
・事業投資・アライアンス
・リスキリング（職業能力の再開発、再教育）

これらの施策はすべて行う必要はありませんが、複数の施策が行われることが一般的です。自社の状況やDXビジョンを鑑みた上で取捨選択しましょう。

例えばプロフェッショナルなDX人材を登用するにあたり、社内に適切な人材がいなければアウトソーシングやアライアンスで外部から人材を招く、あるいは社員のリスキリングという手段が望まれます。

エンジニアリングもPM/PMOを任命するほか、DXに適した手法としてアジャイルな進め方が求められるでしょう。効率的でスピーディな開発のためには、ITソリューションの選択眼も問われます。

図9　全社デジタルトランスフォーメーションの実行

全社DXの検討結果をプロフェッショナル人材登用/エンジニアリングなどで
強力に推進することで圧倒的な成果を創出する

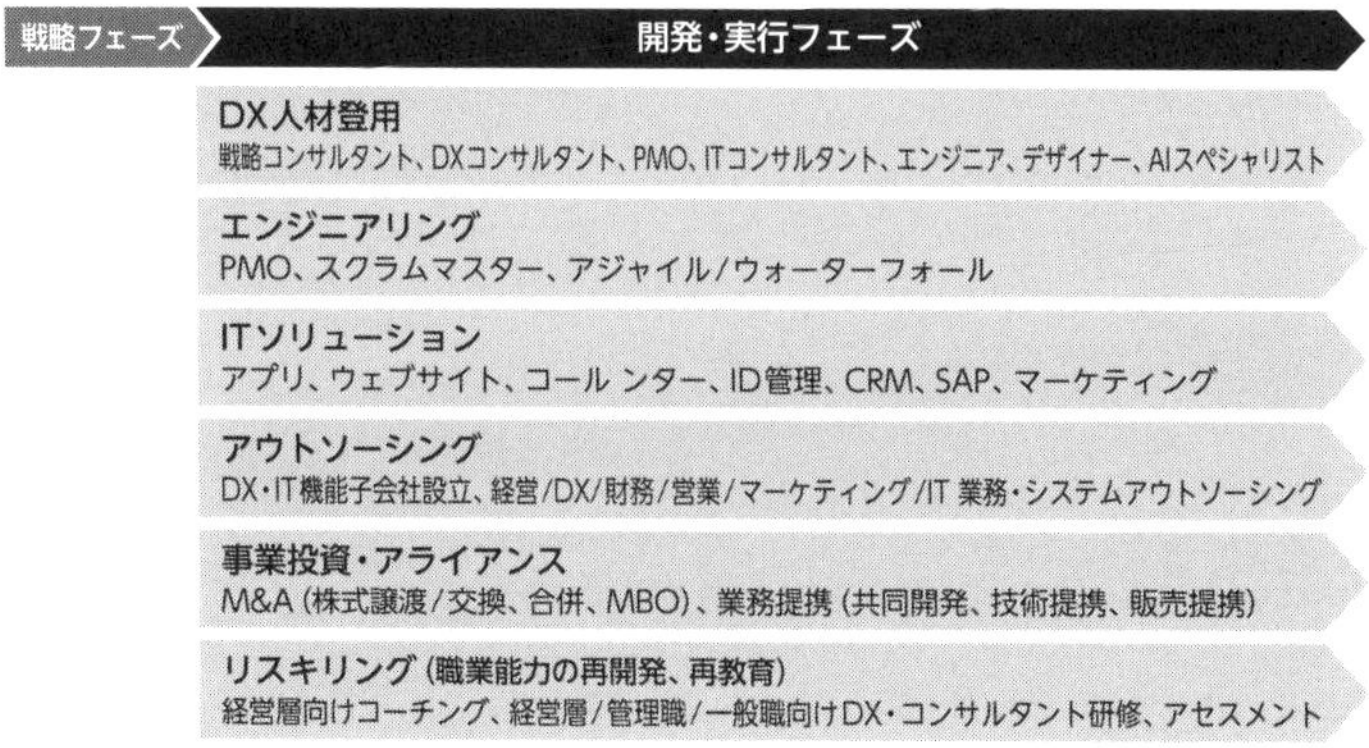

戦略フェーズ → 開発・実行フェーズ

DX人材登用
戦略コンサルタント、DXコンサルタント、PMO、ITコンサルタント、エンジニア、デザイナー、AIスペシャリスト

エンジニアリング
PMO、スクラムマスター、アジャイル/ウォーターフォール

ITソリューション
アプリ、ウェブサイト、コール ンター、ID管理、CRM、SAP、マーケティング

アウトソーシング
DX・IT機能子会社設立、経営/DX/財務/営業/マーケティング/IT 業務・システムアウトソーシング

事業投資・アライアンス
M&A（株式譲渡/交換、合併、MBO）、業務提携（共同開発、技術提携、販売提携）

リスキリング（職業能力の再開発、再教育）
経営層向けコーチング、経営層/管理職/一般職向けDX・コンサルタント研修、アセスメント

出典：Digital Impact

また、ＤＸフレームワークをＤＸ推進人材に理解・実践してもらうには、人材登用やアウトソーシングで求める人材要件の定義、リスキリングに向けた研修なども必要となります。

ＤＸを実現するには、ここで挙げた要素を複合的に検討し、実行の基盤を整えていかなければならないのです。

「起案のジレンマ」と「実行のジレンマ」

また、開発・実行フェーズでは大きく2つの壁が立ちはだかります。それが「起案のジレンマ」と「実行のジレンマ」です。

起案のジレンマとは、投資予算の見極めの難しさを指します。ＤＸは抜本的な事業構造改革となるため、年間のＩＴ投資予算に多大な影響を与えることがあります。なかには、ＤＸ戦略・施策の実施、ＤＸ人材採用・育成などの費用がかさんだ結果、当初確保していた予算の１・５～2倍に膨れあがった――そんなケースもあるほどです。

収益の向上など確実な投資対効果が得られることが明らかであればよいのですが、十分な成果が見込めないまま支出だけ増大すると、ＤＸは尻すぼみとなり、これもまたプロジェクト瓦解の原因となりかねません。そのためにも戦略フェーズにおける綿密な検討が欠かせませんし、また予算の柔軟な傾斜配分ができるよう経営トップの関与も望まれます。

いずれにせよ、ガバナンス体制を整備した上で、厳格な基準に基づき、ＤＸをやり遂げることが重要です。

実現できるまでは気を抜かず、進捗・成果・コストなどさまざまな観点で照らし合わせながら、着実に前進しましょう。

他の大型プロジェクトを巻き込んで検討する策も

起案のジレンマを乗り越えるテクニックの一つとして挙げられるのが、他の大型社内案件と併せてＤＸを推進する方法です。

例えば、基幹系システムの刷新では数十億〜数百億円かかることが珍しくありません。そのプロジェクトと融合する形でＤＸを推進し、基幹系システムの減価償却期間を延伸して、これもＤＸの大きな枠組みの一部であると起案のストーリーを磨き込むのです。

投資対効果の確実な創出をわかりやすく訴求できるため、予算の編成・変更がしやすくなります。

また、ＤＸにかかわるエコシステムの構築という文脈でいえば、Ｍ＆Ａ案件と併せてＤＸを推進することも一手となるでしょう。

デジタルやデータの領域で強みを持つ企業を買収することでＤＸ基盤を強化できるだけでなく、ＤＸの推進プロセスをショートカットすることにもなり、圧倒的な収益向上のストーリーにつながります。

ＤＸは事業構造改革として重要事項であるため、果敢な取り組みが求められますが、一方で直近の緊急案件と比較してリソースの都合で後回しにされることが多々あります。

予算や人員を確保するため、ＤＸだけの単一のプロジェクトで考えるのでなく、他の大型プロジェクトを巻き込んで検討していくことも視野に入れるとよいでしょう。

開発や保守・運用など各段階の障壁に負けない体制を

開発・実行フェーズのもう一つの壁が実行のジレンマです。

例えば、ＤＸは事業構造改革であるがゆえに、プロジェクト関係者が数十人から数百人に膨らむことがままあります。

そこでのコミュニケーションの難しさが実行の障壁となることが少なくないのです。

戦略フェーズは限定メンバーで進めるため、計画立案そのものの難しさはあるものの、船頭多くして船山に上るといった統率を欠く事態にはなりにくいもの。しかし、開発・実行フェーズでメンバーが増えると、それだけいろいろな思いを持つ人が増え、計画が当初の想定とずれてあらぬ方向へと流れてしまう――こうしたリスクがあることは留意しておきましょう。

また、技術的な要素が実行をさまたげることも考えられます。

新たなシステムを導入するには既存の基幹システムに手を入れなければならず、それに数年かかることが判明した場合、ＤＸ推進そのものが立ち遅れるといった具合です。

残念ながら、こうしたケースが非常に多く見受けられます。

当初の合意内容がシステムの制約などによって実現せず、舵を切らなければいけないこともありますし、ＤＸの思想や方向性がシステム開発チームに行き渡らず、でき上がったときには違うものになっていた、といったことも多々あります。

さらに、システムの開発には首尾よく成功したとしても、運用・保守の段階で課題が生じることも。例えば、外部のベンダーなどにアウトソーシングした場合のマネジメントがそれに当たります。

ベンダーに運用を移管しても気を抜かず、当初検討した内容にギャップがないか、ＲＯＩとして検討した内容を達成できているか、投資対効果が得られているかなど、しっかりチェックしていく体制を確立しましょう。

戦略フェーズにはない、こうした難しさが開発・実行フェーズにあることを踏まえ、覚悟を持ってしっかりやり抜くことが重要です。

「投資費用捻出」のため、コスト削減の発想法を理解する

「セルフファンディング」で投資費用を捻出

DXには相応の投資費用がかかることを説明しましたが、思うように捻出できない場合の手立てとして考えられるのが、セルフファンディングです。具体的には、コスト削減の施策を実施し、成功して浮いた費用を投資に回すということになります。

コスト領域は多岐にわたります。DX推進にあたって、削減すべきでない領域があることに注意しましょう。

まず、企業のコストがどのような費目で成り立っているかを確認します。一般的には、次のようなものが挙げられるでしょう。

【販管費】

・間接部門の給与や福利厚生費から成る「人件費」

・販促費、IT費用、施設管理費、物流費、諸費用などから成る「外部調達費」

【売上原価】

・直接部門の給与や福利厚生費から成る「人件費」

・原材料費、施設維持費、業務委託費、製造副資材費などから成る「外部調達費目」

人件費を除く費目を対象にコスト削減の余地を探る

DX推進の一環としてセルフファンディングを行う場合、初期段階では人件費はコスト削減対象から外すことをお勧めします。人件費に手をつけてしまうと、前述した評価・報酬制度の設計にヒビが入ります。結果として、現場の協力が得られなくなる、優秀なDX人材を採用できなくなるといったリスクが生じると考えられるからです。

従って、人件費を除くすべての費目を対象に、削減できる余地を徹底的に見極めていくことが大切です。

例えば、福利厚生費、研修採用費、業務委託費、接待交際費、旅費・交通費、通信費、水道光熱費、備品・消耗品費、システム運用保守費、広告宣伝費などが該当するでしょう。

この中で特に金額が大きいのは、システム運用保守費、広告宣伝費と思われます。必ずといっていいほど削減余地があると考えられますが、一方で金額が大きいぶん、社内の関係者も多いため、コストを削減するとなると反発を招く恐れもあります。もちろん、こうした切り分けは最終的には経営者判断となりますが、細心の注意を払って進めることが肝要です。

また、外部の客観的な視点は、コスト削減対象を洗い出す上で効果を発揮します。コンサルタントやベンダーはコスト削減の知識、スキル、人脈を豊富に持っています。また、コスト削減プロジェクトを立ち上げる最初の段階のみ頼って、経営層やマネジメントが言いづらいこと、実行しづらいことを代わって断行してもらうといった活用の仕方もあるでしょう。

開発、実行では、現状の立ち位置を理解しなければならない

4つのDX推進レベルのうち、自社はどこに当てはまるか？

もう一つ、開発・実行フェーズで重要なこととして、自社のDX推進レベルの把握が挙げられます。

DX推進レベルは大きく次の4段階に分けられます。

・レベル1：DXを理解していない、取り組みも始めていない
・レベル2：DX推進を担当する部署を立ち上げたが、何をすればいいかわからない
・レベル3：DXに着手したが道半ば。または何らかの要因で頓挫した
・レベル4：DXを経営層の強いリーダーシップの下で推進し続けている

「うちはDXを進めている」「我々はDXを理解している」という会社でも、案外経営層がDXの本質――デジタルを活用した事業構造改革であること――を理解していないことがあります。

なかには、未だにDXをITツールの導入によるデジタル化やコスト削減と同一視している経営者さえいるほどです。

また同様に、現場の担当者のあいだではDXを既存業務の効率化ととらえる風潮も根強いです。

前述した〝守りのDX〟として、あえてそうした戦略を採る場合もありますが、攻め／守りのコンセプトも理解しないまま、DXを単なる業務効率化の手段と考えるのは理解不足といわざるを得ません。

レベル4に到達している企業は日本ではごく一握り

業務プロセスそのものを抜本的に見直す、あるいはデジタルを活用した新規事業を開発する方向にマインドを切り替えることができなければ、本当の意味でのDXは実現しません。

それをわかっているようで実はわかっていない——こうした人が多いことがDX推進における難しさであり、怖さでもあると思います。

「自分たちはDXのレベル4にいる」と思っていても、実はレベル1かもしれないのです。

これは私見になりますが、レベル4に到達している企業は、日本ではごく一握りに過ぎません。多くの企業がレベル2や1の段階です。

レベル3の企業でも、DX推進派の社長が交代した途端に空中分解するといったパターンが散見されます。DXを進めてはいても、事業構造改革という本質に照らすのではなく、外部へのアピールや株価上昇の手段としている場合は成果に結びつかないため、結局はレベル1、2止まりということになります。

DXを推進するには、Chapter 1、2で述べた通り、DXの考え方や方向性、実現効果、実施に向けたアプローチ、推進体制などを理解する必要があるわけですが、自社のDXが現在どのレベルにあるかを把握しなければ、そもそものスタート地点が変わってきます。

この点を認識しなければなりません。

大企業はレベル感の落とし穴にはまりやすい

自社の現状を把握するには、DXフレームワークの戦略フェーズがどこまで成熟しているか、アセスメント（評価・査定）を行う必要があります。専門的かつ客観的な視点を取り入れるため、アセスメントは外部のコンサルタントやベンダーに依頼するのがよいでしょう。アセスメントにより、自社のDXがどのレベルか、どこに課題があるかなど、今後の方針を具体化することができます。どこから取り組むべきかという優先順位付けや重点的な課題が浮き彫りになることで、DX推進ストーリーの解像度を上げることが可能になるでしょう。

特に、DXのレベル感の落とし穴にはまりやすい大企業は要注意です。大企業はオペレーションが強い傾向があり、決められたルールに則って、お客様の立場に立ったサービスを高品質に展開できます。

実はそうした現場の社員とDXは相性がよくないことがあるのです。「いまうまくいっているのに、なぜ仕事のやり方を変えなければいけないのか」と考え、DXが不可解なもの、あるいは反発の対象とみなされてしまうからです。

ＤＸが実現すれば、オペレーションの強さが競争力向上に

既存の手法やプロセスを絶対的に正しいものとみなす社風・文化が、ＤＸを拒む要因となることもあるということです。こうしたことを念頭に置き、現場の意向に引きずられるのでなく、経営層のトップダウンで根本的な改革に取り組まなければなりません。

本質的なＤＸが実現できれば、大企業のオペレーションの強さは競争力向上に直結します。デジタルなエコシステムを構築して顧客に新たな体験価値を提供するといったストーリーを、現場が総力を挙げて具体化していくことが期待できるからです。そのためにも力強いリーダーシップを発揮して、ＤＸのマインドを現場に浸透させることを心掛けていただきたいと思います。

さて、ここまでＤＸフレームワークの「戦略」「開発・実行」フェーズについてみてきました。次のChapterでは、両フェーズの実践に大きくかかわるＤＸ機能子会社について考えを深めていきます。

Chapter 4

すべてを変える、〝DX機能〟子会社を！

スピーディで、ダイナミックに。DX機能子会社が必要な理由

DX機能子会社を設立することの5つのメリット

DXを推進するには、いろいろなパターンがあります。大きく次の4つに分類できるでしょう。

①DX機能を本社に持ち、独立した部署として推進する（例：DX推進部）
②DX機能を本社に持ち、経営企画や情報システム部の一部として推進する（例：経営企画部内のDX推進室）
③DX機能をIT子会社に持たせて推進する
④DX機能子会社を親会社とは別の存在として独立させて、推進する

DX機能子会社とは、DXフレームワークの考えに基づき、親会社やグルー

プ企業のＤＸに事業として取り組む会社を指します。

①～④のうち、ＤＸがうまくいくパターンとして多いのが①と④です。ＤＸはＤＸフレームワークを用いた独自の進め方が必要とされるため、②と③のように他の組織・部門と混合すべきではないと私は考えています。

特にお勧めしたいのは、④のＤＸ機能子会社を設立するパターンです。

その理由として、次の５つが挙げられます。

Ⅰ　ビジョン／KGI・KPIを明確化できる
Ⅱ　スピード感を持ってDXを推進できる
Ⅲ　採用・人事制度を、既存組織にとらわれず新たに構築できる
Ⅳ　第三者目線を持つことができる
Ⅴ　ビジネス拡大の武器となる

では次から、このⅠからⅤについて説明していきましょう。

ＤＸ専従組織として独立することでビジョンが明確に

１つ目のビジョン／ＫＧＩ・ＫＰＩの明確化は、非常に大きなファクターです。ＤＸはフレームワークを基に戦略立案および開発・実行を進める必要があり、既存事業とは性質が大きく異なることは再三説明している通りです。しかし本社でＤＸを進める場合、既存事業のＭＶＶと相容れないことも多く、それがＤＸ推進の足かせとなりかねません。

一方、他の子会社、例えばＩＴ子会社にＤＸ推進を委託しようとするケースもよくみられます。ＤＸ機能子会社というとＩＴ子会社と同一視する方もおられるほどです。

しかし、ＩＴ部門とＤＸ推進部門の性質が異なるのと同じで、両者の事業内容はまったく異なります。

ＩＴ子会社はＩＴシステムの要件定義や開発・保守運用に注力するもの。子会社化の背景にはシステム関連の人件費抑制、システム開発・保守費用の削減といった目的があります。

端的にいえば、ＩＴ子会社が本社の要求に基づいてシステムを開発・保守運用するのに対して、ＤＸ機能子会社は本社の事業を抜本的に変えていく使命を担っています。

同じ子会社でも本社との関係性や事業戦略への貢献度合いがまったく異なるのです。

子会社が真価を発揮するには役割を明確化することが重要で、そのためＭＶＶもＫＧＩ・ＫＰＩも違って当然です。本社には本社の、それぞれの子会社にはそれぞれの使命・役割があります。

事業体全体としてみれば基本の理念は共有しているものの、事業成長やＤＸ推進といった高度な戦略が問われる領域においては、こうした切り分けを行わなければ全体がうまく回らないと私は考えています。

ＤＸ機能子会社を必要とみる理由はここにあります。

ＤＸに専従する組織を独立させることで、本流の事業にとらわれない真のＤＸが可能になるのです。

小回りの良さがＤＸ推進のエンジンとなる

２つ目のスピード感も重要です。昨今のデジタル技術の進化は極めて速く、それを反映してビジネスの潮目の変化も激しさを増しています。せっかく入念にＤＸ戦略を打ち立てたとしても、実行に時間がかかっては戦略が陳腐化する恐れがあります。従って、ＤＸは圧倒的なスピード感で推進していかなければなりません。だからこそアジャイル手法を取り入れることが望まれるわけですが、従来の事業の開発・推進手法と大きく異なるため、現場が反発したり追随できなかったりすることもままあります。

その点、ＤＸ機能子会社はＤＸに特化した組織であるため、従来の手法にとらわれないスピーディな展開が期待できます。外部のコンサルティング会社やベンダーなどから人的支援や出資を受けやすいというメリットもあります。

子会社ならではの小回りの良さ、意思決定の迅速さが、そのままＤＸを推進する強力なエンジンとなるわけです。

評価・報酬制度の自由度が増すことが大きな強みに

3つ目の採用・人事制度については、優秀なDX人材を採用してコミットさせる必要があることが背景にあります。

DXの人材市場は人手不足とグローバルな人材獲得競争があいまって、売り手(働き手)が圧倒的な優位にあることはすでにお伝えしました。このため、優れた人材を採用するには先鋭的なブランディングで既存組織と異なるというアピールが求められるほか、他社から頭一つ抜け出せるような評価・報酬制度も設計しなければなりません。

しかしながら、本社内にDX部門を設置した場合、DX人材にフォーカスして採用ブランディングや評価・報酬制度を別立てすることは難しいのが実情です。その点、DX機能子会社として独立させることで、採用ブランディングを本社のカラーとは違う形で先鋭化することができますし、評価・報酬制度も別立てで設計することができます。

特に後者の評価・報酬制度の自由度が増すことは大きな強みとなります。高度な専門性や実績を持つＤＸ人材の中には数千万円の年収を誇る人が少なくありません。そうした人材を採用したくても、本社の評価・報酬制度との兼ね合いで高額の給与を支払うことができず、結果的に優れた人材を確保できない、ゆえにＤＸをなかなか推進できないという悩みを抱える企業が多くあります。

ＤＸ機能子会社を設立することで、評価・報酬制度も本社のしがらみから離れ、ＤＸに特化した内容で設定することができます。それは採用力の面でも、他社との競争優位性を向上させると考えられます。

第三者目線で提言・実行するからこそ発揮できるバリューがある

４つ目に挙げた第三者目線も、見逃せない要素です。

本社内のＤＸ部門では既存の主要部門の意向に従わざるを得ない場面が出てきます。だからこそ経営トップの関与が必要となるわけですが、トップが旗振りをしたとしても、既存部門とＤＸ部門の関係がギクシャクし、結果的にＤＸ部門のメンバーが萎縮して革新マインドを失ってしまうケースは非常に多くみられます。そうなるとＤＸの取り組みが形骸化したり、プロジェクトが途中で頓挫したりすることになりかねません。

こうした状況を避けるためにもDX機能子会社は有効です。既存の体制や価値観に縛られず、独立した組織として第三者目線で提言・実行するからこそ発揮できるバリューがあるはずです。

最後の5つ目に挙げたビジネス拡大の武器になるという点は、DXを通じて生まれた新しいプロダクトやサービスを外販するとなった場合の事業展開のしやすさを指しています。これもDX機能子会社を設立する大きなメリットといえます。これについては本Chapterの4つ目のパートで詳しく説明します。

〝DX人材が在籍する箱〟としての受け皿子会社も

なお、DX機能子会社のあり方として、〝DX人材が在籍する箱〟としての受け皿子会社も考えられます。所属先が子会社となるだけで、DX人材が実際に働く場所は本社や別の子会社になるということです。

この場合、DX機能子会社を設立するメリット5点の中で十分に満たせるのは、採用・人事制度の独立性のみということになるでしょう。人材によって、かろうじて第三者目線が確保できるといったところでしょうか。

職場が既存組織と同一になるため、ビジョン／KGI・KPIの明確化やスピード感あるDX推進はあまり望めないと考えられます。

ただ、派遣される職場（本社や別の子会社）にDXフレームワークの考え方が全面的に浸透しているのであれば話は別です。受け皿子会社で人材の採用・確保を強化し、派遣先でDXをうまく推進できる可能性もあります。

このように考えると、受け皿としてのDX子会社を設置する場合は、自社のDXフレームワークの浸透度をアセスメントする必要があるといえるでしょう。

機能子会社の本社統合でDXが失速することも……

お断りしておきたいのは、DX機能子会社は決して万能ではないということです。設立することにはリスクも伴います。

まず挙げられるのは、投資が必要であること。少なくとも数千万円単位の予算が必要になります。また、長期的にみて親会社のガバナンスが利きにくくなる可能性もあります。子会社のブランディングがうまくいかない場合、親会社から子会社に転籍させる人材の確保が難しくなる懸念もあります。

ただ、こうしたリスクは、ビジョンや戦略の徹底的な共有、評価・報酬制度の適切な設計などによって回避できるものと考えます。すなわち、やはりここでもＤＸフレームワークを浸透させることがカギを握るということです。

ＤＸ機能子会社をめぐっては、近年、それまで外部に切り離していたＤＸ機能子会社を本社に吸収させる動きがあるのも事実です。

この背景には「本社のデジタル事業を強化したい」「ガバナンスを向上させたい」「コミュニケーションの円滑化を図りたい」といった前向きな理由のほか、「人材が集まらない」「期待していたほどのスピード感がない」といったネガティブな理由もあるようです。

煎じ詰めれば、子会社にＤＸフレームワークが浸透していなかったことが敗因と考えられます。

どのような理由であれ、統合された結果、ＤＸが本社の枠組みに限定されて、その後DXが失速していくパターンが多いように見受けられます。取り組みとして非常にもったいないと感じずにいられません。

DXの本質を子会社側でしっかり理解できていれば、期待外れの結果に終わるリスクをかなり低減できると私は確信しています。

もちろん、DX機能子会社を本社に吸収させるという選択を否定するわけではありませんが、その場合は社内で独立する形でDXフレームワークの考え方を力強く浸透・推進できるか、ガバナンスや体制面を考慮して判断すべきでしょう。

DXフレームワークと機能子会社はセットで威力を発揮する

総合的に考えると、まったく新しい発想で、事業の成長を組織やグループ全体に提案できるような仕組みをつくるには、DX機能子会社を設立するのが理にかなっていると思います。

DX機能子会社が軌道に乗らない、あるいは失敗する原因は、子会社化したことそのものでなく、DXフレームワークが組織に根付いていないことにあります。

DXの正しい理念を浸透させることと、DX機能子会社の設立はセットで威力を発揮するのです。

DX機能子会社は、DXケイパビリティを保持する会社ということで、既存の組織や事業体と異なり、圧倒的な成果を生み出すものになります。

攻め・守りの領域の両輪でDXを推進し、グループ全体の事業構造改革を主導し、企業価値の向上につなげる強力な武器となるなど、DXを推進する上で大きなポテンシャルを持っています。

特に、実現しようとしているDXが社会的にインパクトのあるもの、社会課題の解決につながるようなものである場合、その実施は急務となります。

DX機能子会社を通じて確実かつスピーディに具体化し、ダイナミックに事業展開することで、親会社の企業価値の向上も期待できるでしょう。

複数のパターンがある、DX機能子会社の設立方法とは?

目標を明確に定義した上で設立方法を検討する

ＤＸ機能子会社を設立するとなった場合、ではその子会社の目標をどこに置くか、またどのように設立すればよいか。次はそのあたりを考えてみたいと思います。

抜本的な事業改革など、従来の事業の延長線上では成し遂げられなかったことを実現する——これがＤＸ機能子会社の目標です。ＡＩを活用して世界に打って出ようと考える会社であれば、デジタルを基に事業成長していく強い覚悟を示すことが目標となります。データ分析ケイパビリティを獲得する、本社に提供したＤＸソリューションを外販するといった目標も考えられるでしょう。

こうした攻めのＤＸに限らず、デジタルをさらに活用して、社内向けのＤＸ

を拡充させるという守りのDXもあり得ます。会社によって目標はそれぞれ異なるので、まずは目標をどこに置くのかを明確に定義することが重要です。

攻めのDXを行うか、守りのDXを行うか、またグループ内でどのような位置づけとすべきかも整理していきます。それらを踏まえて、子会社のビジョン／KGI・KPI、戦略、必要とする組織や人員などを決めていきましょう。

DX機能子会社を設立する方法としては、さまざまなパターンがあります。リスクを考慮してスモールスタートで進めるやり方もありますが、目標次第では進捗が遅れるかもしれません。

子会社をゼロからつくらず、M&Aやアライアンスで設立する方法もあるでしょう。時間をお金で買う感覚で、DX推進のスピードアップが果たせます。ただ、この場合、DXフレームワークがしっかりその組織に浸透し、DX機能子会社を持つことの5つのメリット（ビジョン／KGI・KPI、スピード、採用・人事、第三者目線、ビジネス拡大）を担保できるかという点はしっかり検討すべきです。なかには事業のビジョンや社風が強固で、DXフレームワークの浸透の余地のない会社もあるかもしれず、注意が必要です。

粒ぞろいのスペシャリストを集結。これで会社の未来を変える

人材像の定義が第一歩

ＤＸ機能子会社を設立するとなったら、実際にＤＸ人材を集める必要があります。しかしＤＸ人材、それも優秀な人材となると、前述した通り容易に集められるものではありません。ＤＸ機能子会社のビジョン、事業、職務、評価・報酬制度などが魅力的でなければ、親会社の知名度やブランド力があったとしても差別化にならず、実際、優秀な人材の興味を引くことさえ難しい現実があるのです。この点をよく考慮して、人材の採用・確保に努めましょう。

攻めのＤＸ機能子会社でも、守りのＤＸ機能子会社でも、人材像を定義することが第一歩です。

ＤＸ戦略や子会社の目標を踏まえ、どのような人材が、どれくらいのボ

リューム（人員規模）で必要なのかを検討していきます。

例えばＥＣサイトを展開する会社であれば、システムやアプリ周りを改善していく必要があるので、ＵＸ／ＵＩデザイナーなどが求められるでしょう。

一方、ＩｏＴ機器を通じて製品の品質の分析やエラー検知を向上させたい会社なら、エンジニアリングに強い人材やＡＩに長けた人材が必要となるかもしれません。


このようにＤＸ機能子会社の事業目標によって求める人材像が変わってくるということです。これを踏まえて、人材像は目標からブレークダウンして設定していきましょう。

Fit&Gap評価を行い、不足分は外部から補う

獲得したい人材像が固まったら、自社のリソースと照らし合わせたFit&Gap評価を行います。
Chapter 2のオペレーションの節で説明した通り、Fit&Gapは目指すゴール地

点と現状との差分を洗い出すのに有効な手法です。

人材のスキル定義でもこの手法を用いて客観的に分析し、不足分は外部パートナーを活用するなどして、DXのスペシャリストを結集させましょう。

初期段階では一定数のコアとなる人材を確保し、その後、社内でデジタルスキルを持つ人やDX志向のある人を抽出、DX機能子会社へ異動してもらうといった手法も考えられます。

そうして子会社内でさらにスキルを伸ばしつつ、実務経験を重ねることでDX人材が成長し、人材層が厚みを増していくことが期待できます。

DX人材を一括して大量に獲得できない場合は、このように中期的なスパンで粒ぞろいのスペシャリストを揃え、会社としてのケイパビリティ強化に努めることが重要です。

自社改革だけでなく、DX機能子会社をビジネス拡大の武器に

サービスの進化やデータの蓄積により、経済圏の確立も

DX機能子会社については、開発したソリューションやサービスを外販する組織と位置づけることもできます。攻めのDXによる産物はもちろん、本社のDX=守りのDXからスタートしたとしても同じです。

実際、自社の業務改善を目的としたDXソリューションを開発したところ、その評判がよいことから外販に乗り出そうとしている企業もあります。

外販するかどうかは企業によって意見のわかれるところです。成功したサービスの横展開はせず、自社内に限定すべきという声を聞くこともあります。外販体制を整えることが難しい、ノウハウや技術を流出させたくないなど、事情はさまざまでしょう。しかし、時間と予算をかけてせっかく開発したソリュー

ションです。収益化できるならそれに越したことはありませんし、ユーザーの課題を解決する手段を社会に広く提供するという意味でも意義のある取り組みといえるのではないでしょうか。

外販体制の拡大が難しければ外部の組織と連携する道もありますし、ノウハウの流出を防ぐ手立てとして特許の取得や内部統制の強化も有効かもしれません。もちろん、外販が事業として成立するかという収益面の検討も不可欠です。

また、利用を社外に広げることでインプットやフィードバックが拡大し、活用できる機能・データの幅が広がる、ソリューションの成長が促されるといったメリットも見逃せません。

サービスが進化し、データが蓄積されることで、経済圏の確立など新たな構想を呼び起こすことが多々ありますし、その結果、自社サービスの質の向上も期待できます。外販によってサービスが進化して自社の生産性や業務効率が高まるばかりか、収益拡大にもつながるということです。

多角的な観点で検討を重ねることが必要ではありますが、外販することのメリットは大きいと考えます。

ビジョン構築のために、DX機能子会社の成功事例に学ぶ

KDDI内部のDX推進という当初の枠組みを超え、外販へ

株式会社ＡＲＩＳＥ ａｎａｌｙｔｉｃｓ（アライズ アナリティクス）は、ＫＤＤＩが85パーセント、コンサルティング会社のアクセンチュアが15パーセントを出資し、２０１７年に設立されました。

ＫＤＤＩやアクセンチュアのほか、ＫＤＤＩのグループ企業も含めて３５０人以上のデータサイエンティストが参集し、データ分析会社としては国内最大規模を誇ります。まさにＤＸ機能子会社といえるでしょう。

設立の主な目的は、ＫＤＤＩのデータドリブン経営やＤＸの推進にありました。具体的な課題の一つが、ＫＤＤＩのモバイル事業における解約者数の抑制です。表面的な分析でなく、アクセンチュアと組むことでグローバルの最新ト

レンドを取り込み、ＫＤＤＩに対して第三者の目線で戦略を提言し、新たな風を吹き込む組織となることが求められました。

同社ではまず、解約に影響がありそうなデータを分析する基盤を構築。解約者数の予測モデルを開発し、精度を向上させるとともに、解約の予兆がわかるスコアもつくり上げました。これにより解約予兆のスコアが高い顧客に対する効率的なアプローチが可能となり、コスト削減と解約率の低下を両立しました。

このようにして培ったノウハウやアセットをベースとしつつ、ＡＲＩＳＥ ａｎａｌｙｔｉｃｓには金融やオンラインコマース、モバイル広告、電力小売り、ドローン、モビリティ、ヘルスケアなど幅広い領域のデータ分析・活用の知見が蓄積されていることから、ＫＤＤＩグループ以外の企業へのマーケティングやデータ分析サービスの提供に乗り出すに至りました。

ＤＸ時代にはより多くのデータを活用することが事業の成否を分かちます。分析や予測の精度を高めるだけでなく、データを統合することで新たなアイデアが生まれる土台もつくられます。ＫＤＤＩ内部のＤＸ推進という当初の枠組みを超え、外販を進める同社は、時流をとらえた事業展開を積極的に推し進めるＤＸ機能子会社として、今後も動向が注目されます。

外部パートナーと協力し、新規事業の創出に挑む

三井住友トラスト・ホールディングスのＤＸ機能子会社が、Ｔｒｕｓｔ Ｂａｓｅ株式会社です。

銀行など金融機関のシステムは社会インフラでもあり、堅牢性や安定性が第一に求められます。予算とリソースの大部分が保守運用に使われることもあいまって、先進のテクノロジーや画期的なアイデアをスピーディに取り入れることが難しいのが実情です。一方、昨今ではフィンテック分野の競争が激化し、他業界から金融事業に参入する企業が増加。これまでの「守り」のシステム開発では競争力が相対的に低下する懸念がありました。

そこで設立されたのがＴｒｕｓｔ Ｂａｓｅです。銀行本体の仕組みやルールにとらわれることなく、迅速な意思決定体制の下、柔軟に新規事業開発を進めることを目的に、２０２１年に設立されました。出資は三井住友トラスト・

ホールディングスが１００パーセントとなっています。

同社が注力するのは、多様なシステム間でデータを一元化し、管理・統制するためのデータファブリック環境の整備です。これにより、銀行内にあるさまざまなデータを安全に収集・蓄積・加工できる体制を整え、新規事業の創出につなげていくとしています。


その実現のため、外部パートナーとしてＮＴＴデータが協働しています。「アジリティの高い環境をフルクラウドサービスで実現する」というＴｒｕｓｔ Ｂａｓｅのビジョンを形にするため、独自のＡＷＳ環境や分析環境を構築しているほか、必要に応じて人材の派遣も行っています。

ＮＴＴデータ側は、顧客の要求通りにシステムをつくるという昔ながらの方法ではなく、Ｔｒｕｓｔ Ｂａｓｅや親会社の銀行とも密にコミュニケーションを取りながら、ビジョンや方向性をともに検討するとのこと。親会社の成熟した体制を打破し、外部の専門性を大いに活用しながら新たな価値創造に挑む。そして生まれた価値を親会社へとフィードバックする――ＤＸ機能子会社だからこそできる、柔軟で画期的な取り組みといえるのではないでしょうか。

DXファームの〝力〟を最大限活用して、DX機能子会社を設立

さまざまなメリットが見込めるコンサルティングファームとの協働

DX機能子会社の設立にあたり、障壁の一つとなるのが、先ほども述べた人材の確保です。子会社の目標にもよりますが、事業を推進する上では数十人、数百人というまとまった規模の人材が必要で、自社の人材だけではカバーできない可能性があります。

また、社内人材は既存事業の枠組みの中では優れていても、DXフレームワークの理解度や戦略・ガバナンス・サービス・オペレーション・IT／デジタルなどを全方位的かつ一貫して推進するDXケイパビリティが不足していることもままあります。

そのような場合にお勧めしたいのが、DXに精通した外部の専門組織を活用することです。まずは外部の支援を受けて子会社の垂直立ち上げを目指し、そ

れが実現したタイミングを見計らって、中長期的に自社人員を活用して内製化していくという段取りです。

支援を仰ぐ先としては大きくコンサルティングファームとベンダーが挙げられます。ベンダーはハードウェアおよびソフトウェアを開発・販売してきた技術力と実績が強みといえますが、支援とセットで自社製品の導入を迫られるケースがあり、注意が必要です。

他方、コンサルティングファームは、多数の企業の経営改善やDX推進に従事してきた経験から、豊富なノウハウを持っています。ベンダーと比較して技術的なハンデがあるかというと、数十年前ならともかく、近年ではそれもみられません。デジタルの活用が経営課題となっている現在、テクノロジーに精通していなければ経営改善そのものが実現しないからです。

また、ベンダーのように特定の会社の製品に偏らず、実践したいDXの形に合わせて客観的に製品を推薦してもらえるのも、コンサルティングファームを活用するメリットといえるでしょう。

こうしたことを勘案し、ここでは支援を仰ぐ先としてコンサルティングファームを想定し、話を進めることにします。

協働体制は大きく5つ。求める関係性で選択を

コンサルティングファームを選定する際に検討したいのが、協働の体制です。さまざまな形態が考えられますが、自社にとってどのような組み方が好ましいか、見極めることが重要です。

大まかにいえば次の5つが考えられるでしょう。

①業務委託
②成果報酬
③アライアンスパートナー契約
④共同出資
⑤合弁会社の設立

業務委託や成果報酬は協働領域や業務ボリュームが限定されます。部分的にコンサルを活用したい、どのようなコンサルかを確かめるためお試しでサービスを利用したい、支援する人材のモチベーションをより強く引き出したいと

いった場合にお勧めです。

協働体制を手軽に構築できる点もメリットといえます。

大きな成果を求めるのであれば、選択肢はアライアンスパートナー契約や共同出資、合弁会社の設立となるでしょう。

コンサルティングファームとともにＤＸ機能子会社をつくることで、ユーザー企業が得られるメリットとしては「スピーディなＤＸ推進」が挙げられますが、その成果は大きい順に⑤→④→③となります。いずれも両社一体となってＤＸに立ち向かう環境をつくることができます。

また、ともにＤＸ機能子会社をつくることで、コンサルティングファームのノウハウや知見を提供してもらえる、長期的なコミットメントが期待できる、一定数のコンサルタントを確保できる、といった利益も享受できます。

コンサルティングファームにとっても子会社設立の当事者となることはメリットがあります。

長期的な収益の柱となるほか、顧客との信頼関係を強化できる、業界特有の知見を蓄積できる、資本参画する場合は配当を得られるといった具合です。

出口戦略としては会社清算や100パーセント子会社化も

なお、コンサルティングファームとともにDX機能子会社を設立したとしても、目的が達成できれば関係を解消することももちろん可能です。

終わり方の一つが会社清算です。「ユニクロ」を運営するファーストリテイリングとアクセンチュアは、顧客向けアプリの開発やECサイトと店舗の融合など事業のデジタル化を目的に2015年9月、共同出資のもと株式会社ウェアレクスを設立しました。その後、一定の成果が得られたということで、2023年10月に同社を清算しています。

また、共同出資からユーザー企業の100パーセント子会社へと移行することも方策の一つ。これを行ったのが、2020年4月に味の素とアクセンチュアが共同出資で創業した味の素デジタルビジネスパートナー株式会社です。発足時の出資比率は味の素が67パーセント、アクセンチュアが33パーセントでしたが、2023年9月に独立運営が可能になったと判断できたことから合弁を解消、味の素の100パーセント出資会社として再出発を果たしました。

Ｄｉｇｉｔａｌ Ｉｍｐａｃｔだからできる、最高のパートナーシップ

一気通貫でＤＸ推進を支援。他社にない７つの強み

ここまで、ＤＸフレームワークに基づいてＤＸを推進することの重要性、特に戦略および開発・実行フェーズのポイントやＤＸ機能子会社を設立することのメリットについて説明してきました。

しかしながら、書籍を一読するだけではＤＸ推進の肝はなかなかつかみにくいと思いますし、事実、ＤＸに詳しい専門家にＤＸプロジェクトに伴走してほしいという要望も数多くいただきます。「ＤＸを進めたいけれどもどこから手を付けていいかわからない」「着手はしたけれどもうまくいかない、思うような成果が得られない」といった悩みを抱える会社がありましたら、ぜひ我々Ｄｉｇｉｔａｌ Ｉｍｐａｃｔの活用をご検討ください。

これまで扱ってきたＤＸ案件数は１００件以上、対象国は11カ国に上り、も

ちろんDX認定制度事業者として認定もされています。

我々の強みは主に次の7点です。

①DXフレームワークを基にした企画検討、実行支援で豊富な知見とノウハウを持っている

当社のメンバーは私を含めた全員が、世界有数のコンサルティングファームや研究所、事業体、政府系機関などで業務経験を積んできました。

コンサルと事業会社のシナジーをベースとした実効性の高い戦略策定・伴走支援が可能で、これにより顧客企業のDXにおいて圧倒的な成果を導き出します。

図10　Digital Impactの活動領域

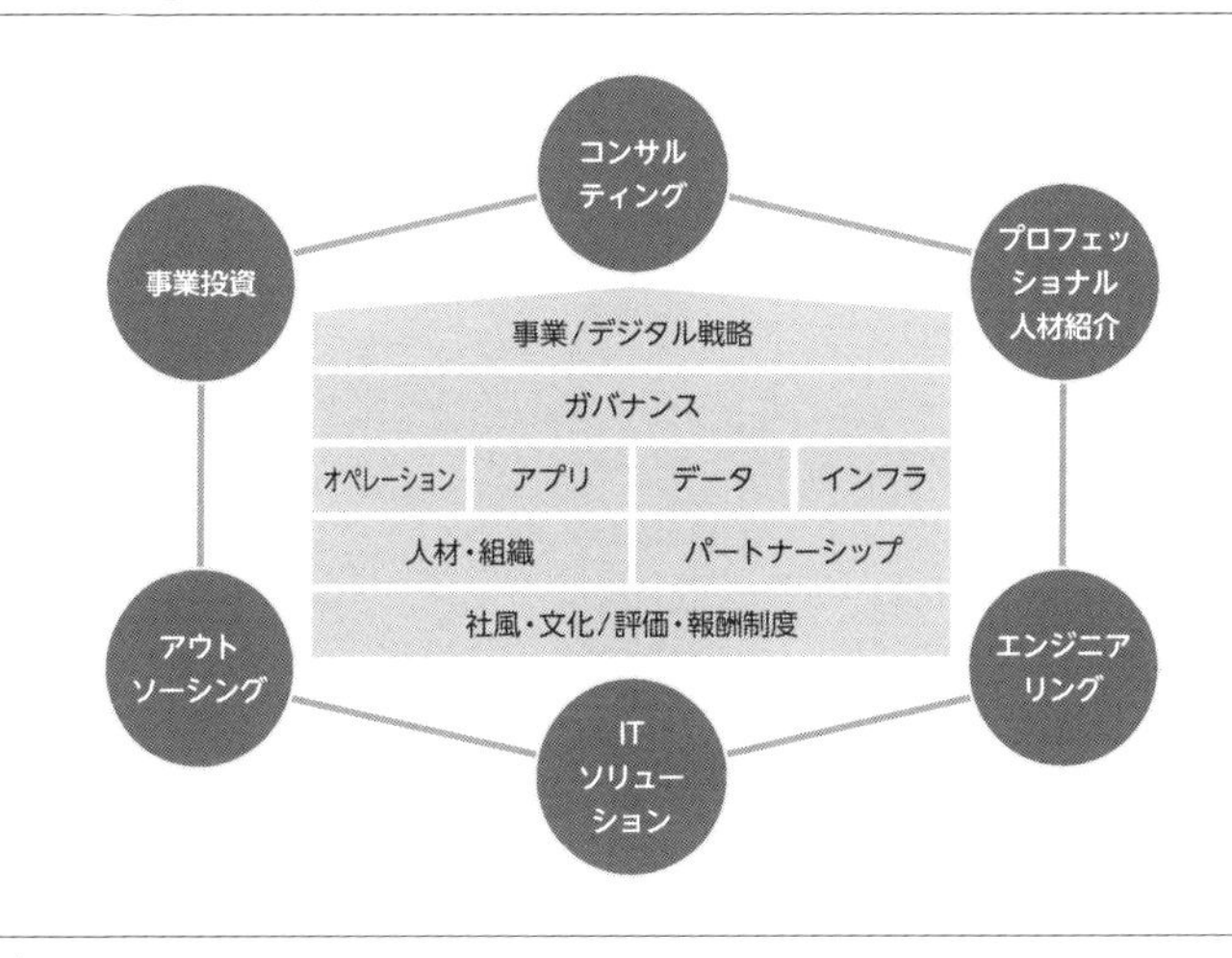

出典：Digital Impact

②DXフレームワークのすべてのケイパビリティを備えている

DX戦略の策定から、ガバナンス強化、サービスやオペレーション、IT・デジタルアーキテクチャ、組織・人材、評価・報酬制度などの見直しまで、一気通貫でDX推進を支援することができます。

これは簡単なようで実は難しいことです。外資系コンサルティングファームでは、戦略フェーズのビジョン／KGI・KPI策定、戦略策定、ガバナンス体制の確立といったあたりまでしか請け負いません。総合コンサルであれば、ITデジタルアーキテクチャ、組織・人材が中心ですし、AI系のベンチャー企業であれば先端技術に特化しています。パートナーとして協業することが多いのはSIerといったところでしょうか。

DXフレームワークのように、DXの手法や知見を独自に体系化している企業となると、ほとんどないといっていいでしょう。

DXと経営、組織・人材にまで至るすべてに精通し、さらに戦略から実行までの全体を一気通貫で担える企業は極めて少ないのが実情なのです。

図11　全領域をカバーするDigital Impactのケイパビリティ

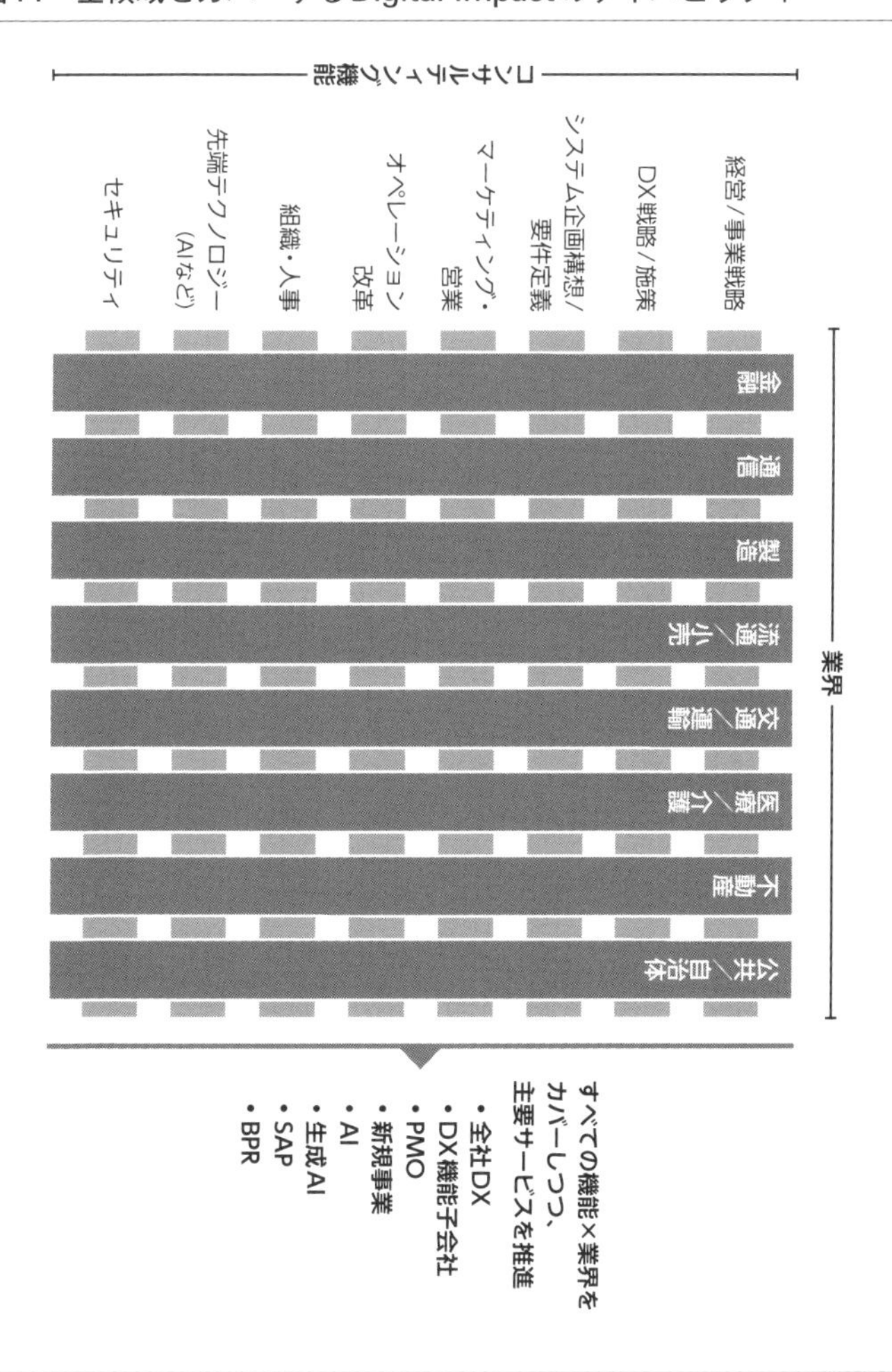

出典：Digital Impact

さらに大手のコンサルやベンダーは、例えばストラテジーやテクノロジー、デジタルなど、部門が細分化されており、そこに属するマネージャーやパートナーの力量に依存せざるを得ない側面もあります。それだけ個別の領域に特化したDXにならざるを得ません。

Digital Impactでは経営者である私自身が、程度の差こそあれ必ずプロジェクトに参画します。

だからこそ、事業経営者としてビジョンの重要性や従業員を巻き込むことの大切さと大変さは身に沁みています。

DXは経営層や経営トップの関与が重要であると繰り返しお伝えしてきましたが、その意味でクライアント企業の経営層と深く共鳴し、悩みや不安も分かち合いながらDXを進められることも、他社にない我々ならではの強みではないかと自負しています。

③クライアント企業に最適なオーダーメイドのDXの伴走支援ができる

大手のコンサルやベンダーは、その規模の大きさから取り扱い案件も多く、ナレッジが豊富に蓄積されています。

しかし、それゆえ過去のナレッジに頼りがちな側面があることも否定できません。

例えば、金融機関A社で利用した手法を、同じ金融機関ということで別のB社にも適用するといったことが普通に行われています。


ただ、DXは事業構造改革である以上、そのあり方や進め方は企業によって千差万別であるべきと我々は考えています。

DXフレームワークに則り、クライアント企業の事業の成り立ち、社風や価値観、ステークホルダーの特性、マネタイズのポイントなど、細部にわたってしっかりとらえることを重視しているので、プロジェクトに対する経営層の思いや期待値のみならず、企業の根底にある社風や価値観などもヒアリングした上でプロジェクトに参画します。


それぞれのクライアントに最適なDXをゼロベースで考え、その実現に向けて丁寧なコミュニケーションで伴走支援していく――。オーダーメイドのDX

を実現できることが我々の優位性であるといえます。

④既存の枠組みに縛られず、新たな考えを積極的に取り入れていく社風がある

Ｄｉｇｉｔａｌ Ｉｍｐａｃｔでは「枠にとらわれず、無限大の価値を創出する」というミッションを掲げています。

クライアント企業のＤＸを支援するには、まず我々が時代の変化を敏感にとらえキャッチアップしていくとともに、既存の枠組みにとらわれない柔軟な発想を持ち、それを行動に移していくフットワークの良さが問われると考えているからです。

ＤＸに取り組んだものの挫折した企業や、ＤＸをどう進めればいいのか途方に暮れる企業は、ＤＸにネガティブなイメージを抱いていることが少なくありません。その停滞の根本原因が、ＤＸフレームワークが活用されていないことにあると指摘すると同時に、既存の枠組みから脱却することで、まさに「無限大の価値を創出する」ことができるのだと強く訴えたいと思っています。

既存事業の一部分を改善する、あるいはデジタル技術を部分的に導入するといった「DXもどき」ではなく、革新を真摯に追求し、いままでにない新たな価値の創出、クライアント企業の競争力強化に貪欲に取り組んでいきたい。

生意気なようですが、こうした我々の思いに共感してくださる企業と、ぜひDX推進をご一緒させていただきたいと思っています。

⑤少数精鋭で小回りが利く体制

Digital Impactの特徴の一つが、少数精鋭であるということです。組織・人員の規模、拠点数の多さでは大手のコンサルティングファームやベンダーにかないませんが、DX推進支援において企業規模がハンデになることは一切ありません。

むしろ大手企業ではチーム体制が採られることが多く、パートナー／ディレクターからマネージャー、コンサルタントやアナリストまで、多くのメンバーが職務を分担します。これがプロジェクト推進の足かせとなることがあります。

当社のメンバーはいずれも経験豊富であるため、こうした職能を独力で担うことができます。検討範囲や作業の量次第では体制を拡充しますが、独力でやり切るマインドを強く持っていることは、クライアント企業からするとコストメリットにもつながります。

加えて、私個人の経営哲学として必要以上の人／モノ／販促に投資しないことも、コスト競争力に寄与すると思っています。

我々がこれまで培ってきた知識やノウハウについては質・量ともに自信を持っていますし、むしろ小回りが利く体制であることがアドバンテージになっているわけです。

⑥DXに係る有識者や外部パートナーと協働し、自社のアセットに限定されない、高度なDXを実現

前述した通り、当社は組織の規模こそ大きくはないものの、専門の外部パートナーを豊富に確保しており、DX推進に必要なあらゆるソリューションを提供することができます。

また、DXコンサルティング会社やエンジニアリング会社、データ分析会社、ITベンダーなど、それぞれの機能を自社で囲い込まないことで、クライアン

図12　自社で囲い込まず専門の外部パートナーと協働

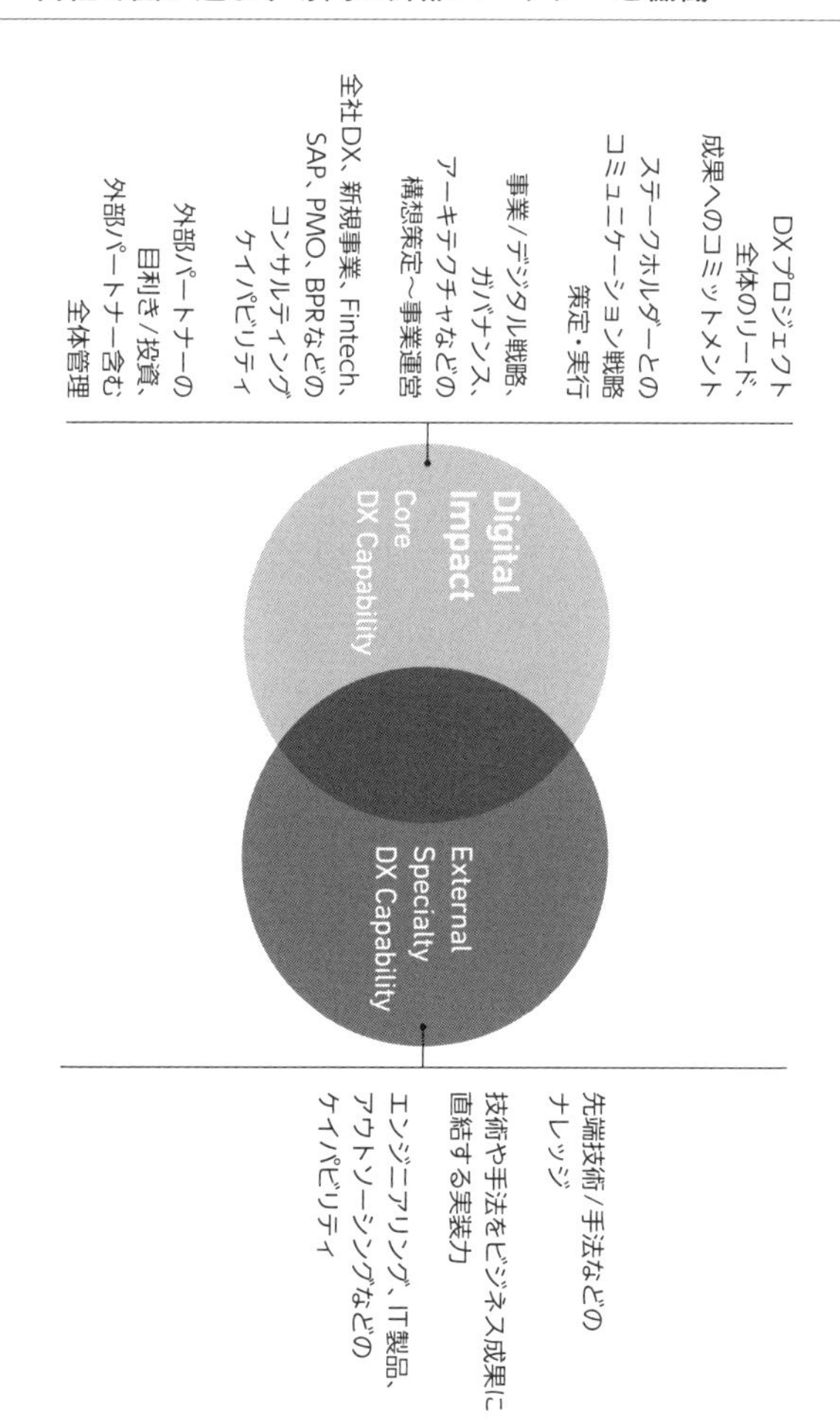

出典：Digital Impact

ト企業のニーズに最適なソリューションを客観的な視点で判断し、提供できる点も強みといえます。

最先端の技術や手法などのナレッジ、技術や手法を成果に直結させる実装力も高いレベルで備え、目的に合わせて外部のパートナーを自在に組み合わせ、オーダーメイドのＤＸを実現させるサポートができます。自社のアセットに限定しないからこそ提供できる価値があるのです。

⑦子会社をつくる際の最高のパートナーとなる

事業会社がＤＸ機能子会社を設立するにあたり、外資系コンサルティングファームが出資するケースもありますが、それほど高い割合ではありません。外部パートナーの出資比率を低く抑えて、将来的に親会社に統合して内製化を図るという道筋もあります。

ただ、すでに説明した通り、やり方によってはＤＸが空中分解する可能性があることは留意すべきです。

そうしたリスクを避けるため、当社ではクライアントが希望する場合に限り

図13　DX機能子会社の設立・運用パートナーのイメージ

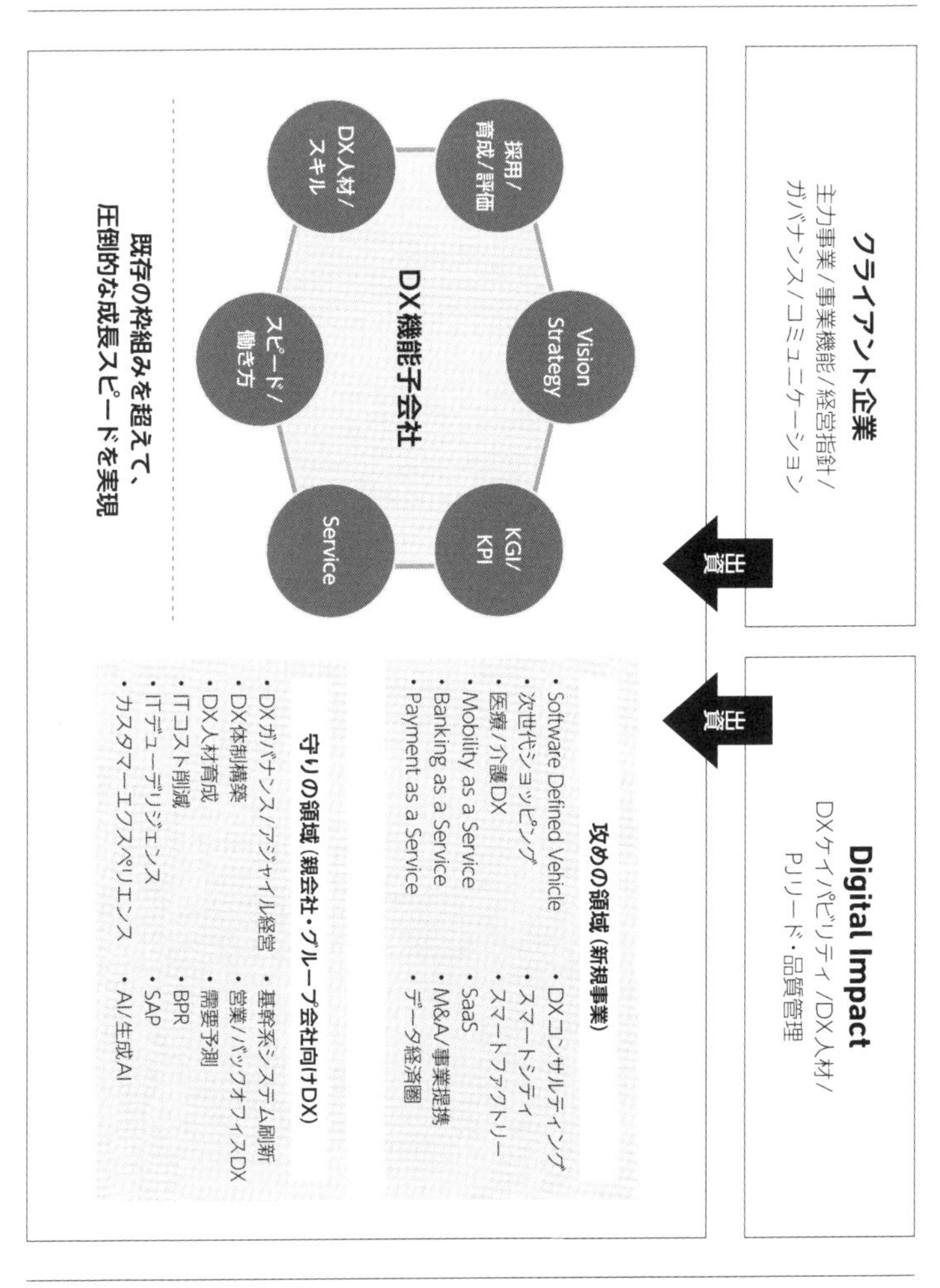

出典：Digital Impact

ますが、ＤＸ機能子会社への出資比率を高めて、より責任ある立場で経営に参画することも可能です。

創設した子会社の収益向上や事業継続を第一に考えながら、子会社やクライアント企業をはじめとするステークホルダーのみなさんとともに汗をかいていきます。

ＤＸ戦略の策定、実行の伴走支援を一気通貫で実施

これらの強みを基に、当社では多数の企業のＤＸ推進を支援してきました。その事例の一部を紹介します。

①【ゲーム会社】
ＧａａＳモデル実現に向けた道しるべを描出

クライアントは大手ゲーム会社です。

競合他社によるサブスクリプションモデルを活用したユーザーおよびデータの囲い込みが進んだことから、抜本的なビジネスモデルの変革を構想。ユー

ザーやデータへの統合的かつダイレクトなアプローチによる競争力強化を目指し、全社的DXを推進することになりました。

とはいえ自社のみでは対応が難しいとのことで、当社がサポートさせていただいたという案件です。

最大の課題は、ゲーム業界ならではの特異なビジネスモデルにありました。ゲーム業界では開発費用やマーケティング費用が一般的に自社負担となるほか、大ヒットすれば利益が大きい一方で外れる可能性も大いにあります。ハイリスク・ハイリターンなヒットビジネスが事業の柱になっていることに、同社の経営層は危機感を抱き、事業構造改革を志向されたのです。

そこで我々は新たなマネタイズの確立を図りました。

サブスクによりリーチ面を広げることで、LTV（顧客生涯価値）を向上。そして、それによりSuperGame構想を確立したほか、データやコミュニティ、サービスの拡充を実現して、マーケットプレイス化やメタバース化に備えたのです。

具体的には、ＧａａＳ（Game as a Service）・ＤＸモデル実現に向けた戦略策定および伴走支援を一気通貫で行いました。

その結果、ＧａａＳモデル実現に向けた道しるべが具体化。一貫した思考・行動体系の整備やワンチームとして各機能が有機的に協調するなど、ＤＸの組織文化を形成することができました。

②【造船会社】

ＢｔｏＢストック型収益モデルへの転換を後押し

大手造船会社のＤＸ事例です。

官民の需要減少が見込まれ、主力事業の先行きが楽観視できない状況であったことに加え、営業業務をＤＸすることで顧客体験価値の向上を目指しておられました。

また、ＢｔｏＢ産業におけるストック型の収益モデルへの転換も課題であったほか、自社向けに構築したシステム環境の外販、機器使用者や造船会社、修理業者がデータを起点につながることで、新たなサービスを創出することも望まれました。

そこで我々は、海上事業で中小規模顧客をターゲットとして営業DXを推進したほか、クイックに効果を創出して将来的に全社DXへと昇華できる施策の実現に向けてプロジェクトを進めました。

具体的には、DXシステム全体像にかかわるブループリントの策定やBtoBストック型収益モデルの事業計画の作成などが挙げられます。

自社向けに構築したシステム環境を外販することで、新たな収益機会を獲得し、事業の成長と拡大を目指すわけです。

造船DX実現に向けた戦略策定および伴走支援を行ったことで、2カ月でAIChatやHPなどをリリースすることができました。

これらにプラスして、同社に対してはAI／IoTを活用した新サービスにかかわる数十億円規模の事業計画書も策定しており、将来的には地域未来牽引DX企業としてプレゼンスを発揮することが期待されています。

おわりに 真のDXを提供し、世の中をより良くしたい

数多くの企業のDX推進をサポートする中で、先端技術を取り入れることだけに意識を向けるのではなく、まずはビジョンや戦略を描き、技術面や組織体制、評価・報酬制度、社風・文化まで全面的に目配りして実行することが重要と説明申し上げることがしばしばあります。

すると、「そんなプロセスは遠回りではないか」「他社はもっと手軽にDXに取り組んでいる」といった疑問や不信の声が返ってきます。

しかし、最終的には攻めのDXにせよ守りのDXにせよ、目指した以上の果実をしっかり刈り取ることができて、深い満足感のもと感謝の言葉をいただく――。こうしたことを長年にわたって繰り返してきました。

経営層や現場の方々は「DXに取り組んでいる」といいながらも、DXの本質を知らない方が実に多いことに驚かされます。

DXを推進するプロであるはずのベンダーやコンサルタントも例外ではありません。

本質を外したDX議論をいくら重ねたところで、そうしたDXは空回りし、成果が得られずに挫折したり尻すぼみで終わったりします。

こうした状況に一石を投じ、圧倒的な成果を得るための正しいDXの手法、DXフレームワークを世に広めたいという思いが、本書執筆の原点にあったことは冒頭でも述べた通りです。DXフレームワークを通じてクライアント企業の圧倒的な事業変革が成功して、そのクライアント企業のサービスを通じて世の中が良くなっていくならば、これ以上の喜びはありません。

とはいえ、DXのゴールは遠大です。表面的なゴールは新たな価値の創造とそれによる企業価値の向上ですが、企業の使命は目先の収益拡大だけではないはず。大きな視点でみれば、事業にどれだけ社会的意義があるか、人々の暮らしにどのように貢献しているかも問われます。まさにDXフレームワークでいうところのビジョンに該当するものといえるでしょう。これを意識することで、DXの成果は最終的に社会へ還元されていきます。

ＤＸのゴールを突き詰めれば社会課題の解決につながるのです。デジタルを活用して生まれる新たな価値を、社会のあらゆるところに適用することで、労働人口の不足や地域の活力低下といった社会的アジェンダの解決にもつながると私は考えています。

そうして豊かになった社会から、さらに新しいアイデアが生まれ、技術革新が進み、それが企業へと実装されていく――。日本の産業全体でＤＸが成功することで、そのような好循環を生み出すことが期待されています。

もう一つ、ＤＸは一度取り組んで成功すれば終わりというものではありません。企業の成長や市場の変化に合わせて、絶えざる事業構造改革が求められます。近年では生成ＡＩに代表されるように新しいテクノロジーが恒常的に創出され、そのテクノロジーをどのようにビジネスに取り入れて付加価値につなげるか、考え続けなければなりません。

ＤＸへのチャレンジに終わりはありません。ＤＸ人材をコンサルティング企業頼りとするのでなく、自社で内製化して、定期的にロードマップを見直していくことも重要です。

特に日本企業の多くはコスト削減や業務効率化といった守りのＤＸに焦点を当てがちです。それもＤＸの一つの側面ではありますが、競争力の強化や企業価値の向上といったＤＸの本質に照らせば、それは真のＤＸとはいえません。

守りのＤＸから始まったとしても、長期的には攻めのＤＸとして大きな果実が得られるように、本書で紹介しているＤＸフレームワークを活用し、確かな事業構造改革を実現していただきたい。そこで支援の手が必要となった場合は、ぜひ、我々Ｄｉｇｉｔａｌ Ｉｍｐａｃｔにお声がけください。

最高のパートナーとして、圧倒的な成果を創出すべく全力を尽くします。

ＤＸにより日本企業の競争力が強化されたその先に、日本の力強い再生があることを信じて――。

２０２５年２月吉日

Ｄｉｇｉｔａｌ Ｉｍｐａｃｔ株式会社 代表取締役　田中一生

企業DX部門の方々が知るべき、
“デジタルトランスフォーメーション”の真手法とは？
Digital Impact
～枠にとらわれずに圧倒的な成果を出す、唯一無二のDX～

2025年2月17日　第1刷発行

著　者　田中一生
発行者　鈴木勝彦
発行所　株式会社プレジデント社
〒102-8641
東京都千代田区平河町2-16-1 平河町森タワー13階
https://www.president.co.jp/　https://presidentstore.jp/
電話　編集 03-3237-3733
　　　販売 03-3237-3731
販　売　高橋 徹、川井田美景、森田 巌、末吉秀樹

装　丁　鈴木美里
組　版　清水絵理子
校　正　株式会社ヴェリタ
制　作　関 結香
構　成　金子芳恵
編　集　金久保 徹

印刷・製本　株式会社サンエー印刷

本書に掲載した画像の一部は、
Shutterstock.comのライセンス許諾により使用しています。

ISBN978-4-8334-5259-5
Printed in Japan
落丁・乱丁本はお取り替えいたします。